# LA RÉGULATION

GAËLLE PERRIN-GUILLET

# LA RÉGULATION

outrefleuve

ISBN : 978-2-265-15812-2

Dépôt légal : mai 2024

# Chapitre I

## Avant

*18 décembre 2018.*
*Présentateur radio. 107,8 MHz.*

« Tôt ce matin, nous avons appris que le super-volcan du lac Toba à Sumatra présentait des signes d'activité inhabituelle. Pour rappel, la dernière éruption de ce volcan a eu lieu il y a 73 000 ans environ et a été suivie d'un hiver volcanique pendant près d'un millénaire. »

*Décembre 2019.*
*Cri d'alarme de la COP 25.*

« Le changement climatique est une réalité (le monde est 1,1 °C plus chaud si on le compare au début de la révolution industrielle) et il a déjà un impact significatif sur la planète et la vie des gens. Si les tendances actuelles persistent, on peut s'attendre à ce que les températures mondiales augmentent de 3,4 à 3,9 °C au cours de ce siècle, ce qui aurait des conséquences considérables et destructrices. »

*6 juin 2021.*

« Des inondations et coulées de boue provoquées par les pluies de mousson au Sri Lanka ont fait au moins seize morts et obligé 270 000 personnes à quitter leur domicile submergé, a annoncé dimanche le Centre de gestion des catastrophes (DMC). La plupart des victimes des glissements de terrain provoqués par les averses torrentielles qui se sont abattues sur dix des vingt-cinq districts du pays depuis vendredi ont été ensevelies vivantes, a précisé cet organisme. »

*Été 2023.*

« Canicules, incendies au Canada et à Hawaï, inondations en Chine… Les phénomènes météo extrêmes se succèdent depuis le début de l'été. Selon les scientifiques, ces événements sont exacerbés par le changement climatique. Vagues de chaleur extrême, incendies, inondations… La journée du 5 juillet a été la plus chaude jamais enregistrée au niveau mondial, selon l'Agence américaine d'observation océanique et atmosphérique (NOAA). Après des températures records en juin, juillet 2023 a été le mois le plus chaud jamais enregistré, avec des températures anormalement élevées sur terre et en mer, a confirmé le programme européen Copernicus d'observation de la planète. Mégafeux au Canada ravageant des milliers d'hectares, inondations historiques en Chine. Un désastre environnemental. »

*Juillet 2025*

« Le cyclone Yvan fait au moins 2 790 morts, 15 000 disparus et détruit plus de 700 000 maisons. C'est déjà le sixième cyclone dévastateur depuis le début de l'année. »

*18 septembre 2025.*
*Présentateur radio. 94,80 MHz. Ondes libres.*

« Des millions de gens n'ont plus d'habitation. La mer devient folle, elle envahit tout le littoral, c'est du jamais vu ! En moins de deux semaines, on a perdu cinquante-cinq mètres de terre intérieure et l'eau continue de s'engouffrer dans les fleuves et rivières, à envahir les champs et les villages ! Et ça continue. Cela va bien au-delà des prévisions de ces dernières années. Les eaux montent plus vite que ne fondent les glaces, comme si les sols marins se soulevaient ! Aucun des chercheurs interrogés n'est capable de dire si les eaux vont refluer et si oui, quand… »

*23 août 2026.*
*Extrait de l'interview du professeur Kelhermann.*

« Les intérêts financiers ont gouverné le monde durant des décennies. La croissance a été le pire ennemi de l'homme. Aujourd'hui, ce ne sont plus que catastrophes naturelles, épidémies et émeutes de gens chassés de chez eux par la montée des eaux, les vagues de chaleur ou les guerres qui en découlent. Nous en sommes à deux cent cinquante millions de morts en neuf mois. Et ce n'est que le début.

— Pensez-vous que nous pouvons encore faire machine arrière ?

— Il est trop tard.

— Trop tard ? C'est-à-dire ?

— Regardez encore le soleil se lever tant que vous le pouvez, Benjamin. Embrassez vos enfants, si vous en avez. Et si vous n'en avez pas, n'en faites surtout pas… »

*1er janvier 2027.*
*Une des journaux mondiaux :*

« Les virus qui se sont échappés du permafrost qui ne cesse de fondre font 15 000 morts en une seule journée ».

« Une maladie vieille de cinq siècles réapparaît en Russie ».

« La peste noire frappe à nouveau ».

« Une étrange épidémie sévit dans un camp de réfugiés africains ».

*25 novembre 2027.*
*Présentateur radio. 101,07 MHz. Ondes libres.*

« C'est un krach boursier sans précédent qui vient de faire exploser l'économie mondiale ! Une perte de 65 % en vingt-quatre heures ! J'espère que vous avez de bons matelas bien garnis ! Plus d'informations dans notre flash spécial à 17 heures. »

*5 janvier 2031.*
*Présentateur radio. 94,80 MHz. Ondes libres.*

« C'est depuis chez moi que je vous parle aujourd'hui. Les studios ont cessé d'émettre hier après le passage de la troisième tempête solaire qui a mis à terre tout le système Internet. Je ne sais même pas s'il reste des gens pour m'écouter… La fin du monde s'abat sur nous, les amis. Et ne comptez pas sur nos gouvernements pour nous sortir de là, ils sont trop occupés à défendre les banques fédérales des pilleurs qui croient encore que l'argent va leur servir à quelque chose. J'espère que vous êtes à l'abri, parce que la météo s'affole, elle aussi. Un ouragan s'approche de l'Europe aussi vite qu'un pet sur une toile cirée ! On va le prendre en pleine poire, c'est moi qui vous le dis. Et si on survit aux milices qui en profitent pour piller le peu de ressources qu'il reste et n'hésitent pas à vous mettre une balle dans la tête pour un paquet de riz, aux tempêtes solaires et aux vagues gigantesques qui envahissent les terres, on devra encore éviter les jolis virus qui continuent de s'enfuir du permafrost. Ah, j'oubliais, faites gaffe, il paraît que quelques tigres et lions se baladent en ville, tranquilles. Vous croiserez peut-être aussi un hippopotame et quelques alligators dans les égouts. J'ai entendu dire que pour vos prochaines vacances – ah ah ah ! – vous ne pourrez plus partir aux Maldives, aux Fidji et aux Seychelles. Ou alors en scaphandre de plongée… le monde coule littéralement. (*silence*) Prenez soin de vous. Et à demain, si la Nature le veut bien. »

*13 juin 2032. Ondes radio courtes.*

« Il y a quelqu'un qui m'entend ¿ Allô ¿ S'il vous plaît ! Je suis coincé sur le toit d'un bâtiment, perdu au milieu de nulle part, y a de l'eau partout et ça continue de monter. Allô ! Répondez-moi, je vous en prie ! »

*19 février 2043. Toutes ondes radio*

…………

# Chapitre 2

La journée touchait à sa fin et Damian attendait avec impatience la fermeture de la bibliothèque. Ranger les livres n'était pas vraiment son activité favorite, mais il n'avait pas eu le choix, alors il serrait les dents et faisait ce qu'on lui demandait.

Il caressa la tranche d'un roman du XIXe siècle, vestige d'un monde depuis longtemps enterré et se demanda ce que sa vie aurait pu être à cette époque.

De ce qu'il avait pu lire sur ce siècle et les suivants, la vie n'avait rien à voir avec celle qu'il connaissait. Un monde vaste, lumineux, où les gens semblaient heureux. Un monde où l'on pouvait voyager, rencontrer de nouveaux visages, faire des études. Mais aussi un monde dangereux où l'homme s'était autodétruit par sa suffisance et son ego, quand les catastrophes climatiques ne l'avaient pas tué avant. Le monde s'était effondré et ils en étaient les derniers vestiges. Il souffla.

Âgé d'à peine dix-huit ans, il avait fini l'instruction quatre ans auparavant comme tout le monde et, depuis, il était affecté ici. Enfermé entre les quatre murs de ce bâtiment isolé du reste des blocs d'habitations, Damian s'estimait néanmoins chanceux.

Handicapé de naissance, orphelin, il était passé à deux doigts de finir au compost (seule méthode d'inhumation autorisée dans cette société où tout se recyclait) à l'âge de deux ans, n'y échappant que grâce à une vieille tante qui avait recueilli ce gosse aux jambes immobiles. Parce que dans ce monde, lorsqu'on n'a pas la chance de naître en pleine santé, il est fréquent qu'un « accident » arrive. Un infirme, c'est une bouche à nourrir, un adulte improductif. Ça ne sert à rien. Sa tante avait dû signer des tonnes de papiers officiels où elle certifiait qu'elle ne demanderait jamais rien aux DIX le concernant, ni argent, ni nourriture, ni soins. Elle devrait subvenir seule à ses besoins. Et elle avait accepté. Elle l'avait élevé comme le fils qu'elle n'avait pas eu la chance d'avoir. Damian avait été un enfant heureux, malgré son handicap. Mais sa tante avait eu la fâcheuse idée de mourir un an avant son affectation et il avait donc hérité de cet emploi en désespoir de cause. L'ancien bibliothécaire était mort lui aussi quelques mois auparavant et un emploi dans la culture n'était pas vraiment ce dont rêvaient les gosses d'ici. Alors il avait accepté de vivre seul dans cet endroit, au milieu des livres qui avaient survécu à l'Effondrement.

Il ne s'en portait pas plus mal : s'il était captif de sa bibliothèque, le reste de leur monde était, quant à lui, emprisonné entre les murs qui entouraient leur cité. Une muraille colossale construite en béton et qui ne laissait passer les rayons du soleil que quelques heures dans la journée, quand les nuages le voulaient bien. Le reste du temps, il était difficile de faire la différence entre l'enceinte et le ciel, aussi mornes et gris l'un que l'autre.

Lui, au moins, s'évadait en se plongeant dans les textes de l'ancien temps, témoins silencieux d'une histoire révolue.

Une cloche sonna dans son dos. Il reposa le livre qu'il avait gardé en main, se composa un sourire avenant et se dirigea vers l'accueil où patientaient deux personnes.

La première, une petite femme aux cheveux argentés et aux lunettes rondes rapiécées avec du scotch sur une des branches, lui tendit son ouvrage sans un mot. Il connaissait tous les usagers de la bibliothèque – il en avait si peu – et celle-là était parmi les plus désagréables.

Damian força son sourire et lui lança un tonitruant :

— Bonjour ! À quel nom s'il vous plaît ?

Il connaissait son nom, bien sûr, mais il adorait la mettre en colère. Un prêté pour un rendu. La femme sursauta et planta son regard noir dans ceux de l'adolescent.

— Parrish. Comme d'habitude. Peut-être qu'un jour vous vous en souviendrez.

Le gamin soupira. Ce n'était pas encore aujourd'hui qu'il aurait droit à un bonjour. Il tourna les pages de son registre jusqu'à la lettre P, griffonna le titre du livre à côté du nom de la cliente et le lui tendit avant qu'elle ne parte sans dire au revoir, évidemment.

Il leva alors les yeux sur la cliente suivante, qu'il n'avait vue que rarement et fut surpris de la voir sourire.

— Bonjour, lui dit-elle. C'est au nom de Morton, s'il vous plaît.

Alors là, s'il n'avait pas eu les fesses rivées à son fauteuil roulant, il en serait tombé de sa chaise ! Il avait eu le temps d'oublier les incroyables effets bénéfiques procurés par une cliente polie, avenante et qui le regardait sans sous-entendu ! Il allait devoir marquer cet événement d'une belle croix rouge sur son calendrier.

— Bonjour madame, je me souviens de votre nom ! Très bon livre que celui-ci. Vous connaissez l'œuvre de l'auteur ?

— Hemingway ? Je crois avoir déjà lu *Le Vieil Homme et la mer*, il y a longtemps. Je ne suis pas forcément fan de ce qu'il a écrit, mais je crois bien avoir fait le tour de toute votre bibliothèque… Alors tant qu'à relire des textes, autant que ce soit ceux que j'ai préférés !

Damian se pencha sur son registre et chercha la lettre M. La fiche était au nom de Kyle Morton – sans doute son époux, ce qui expliquait pourquoi il ne la voyait que rarement – et il s'aperçut que la famille avait effectivement lu la majorité des titres en rayon.

Il releva la tête et fit la moue.

— Faut dire que pas grand-chose n'a survécu. Et on n'a plus d'auteurs depuis longtemps !

Elle lui fit un clin d'œil.

— Vous devriez vous y mettre. On ne sait jamais, vous êtes peut-être celui qu'il nous manquait !

Le gosse éclata de rire.

— Ben voyons ! Et qui me lira, à part vous ? Vous savez combien j'ai de personnes par jour, ici ? Trois. Et encore, les bons jours uniquement. Je crois que la lecture n'intéresse plus personne. Vous vous rendez compte que le dernier livre à avoir été publié date de plus de trois cents ans ? Et que la majorité des ouvrages tombent en miettes, malgré toutes mes précautions ?

Elle haussa les épaules.

— Que raconter depuis l'Effondrement ? continua le jeune homme. Personne ne sait vraiment ce qu'il s'est passé pendant deux cents ans...

— Personne ne sait, parce que personne n'a rien écrit, justement.

Une sonnerie stridente interrompit la conversation, annonçant la fermeture de la bibliothèque.

Damian lui tendit son livre.

— Bonne lecture, madame Morton ! On reparlera de la fin du monde et de littérature la prochaine fois que vous reviendrez.

Elle lui sourit et lui fit un signe de la main.

— À très bientôt. Et si vous trouvez quelque chose dans vos caves poussiéreuses, pensez à moi !

— Je n'y manquerai pas !

La porte se referma derrière elle et Damian donna un tour de verrou. Personne n'aurait eu l'idée de venir voler quoi que ce soit ici, ou même ailleurs, mais c'était aussi son lieu de vie et il ne voulait pas qu'un éventuel lecteur déboule après la fermeture. Cette pensée le fit éclater de rire tant elle était incongrue.

Le couvre-feu sonnerait dans moins d'une heure, et plus personne ne se risquerait à venir ici après 19 heures. Les drones commenceraient à tourner dans trente minutes et personne n'était assez fou pour risquer de se faire attraper. À moins d'être suicidaire.

Il traversa les rayonnages silencieux, programma le régulateur hygrométrique et le thermostat afin de préserver les ouvrages durant la nuit et appuya sur le bouton du monte-charge pour rejoindre ses appartements, quand son portable vibra dans la poche de son pantalon. Il se contorsionna pour l'attraper en se demandant qui pouvait bien lui envoyer un message à cette heure. S'il n'y avait pas eu cette obligation stupide faite par les DIX à chaque citoyen de posséder un téléphone allumé en permanence, il aurait déjà viré ce truc depuis longtemps. Cette machine infernale ne sonnait que pour deux choses : les alertes météo violentes et...

— Bordel de merde !

Sur l'écran du smartphone, une liste de noms s'affichait.

Juste des noms. Des victimes innocentes et inconscientes de la mort qu'elles allaient affronter. Des gens qu'il allait devoir abattre alors même qu'il était cloué à un fauteuil roulant depuis sa naissance. Des gens qui ne lui avaient rien fait, qui n'avaient rien demandé. En une seconde, il était devenu un tueur. Et quelque part dans la Cité, son nom venait de s'afficher sur un autre écran. Chasseur. Et proie.

La Régulation venait de commencer.

# Chapitre 3

Abigail Morton sortit de la bibliothèque et leva les yeux vers le ciel. Pour l'instant, il était d'un bleu immaculé, mais elle savait que ça pouvait tourner à l'orage en moins de cinq minutes. Les murs qui entouraient la cité étaient si hauts qu'il était impossible de voir les nuages arriver. Ou pire. Seules les alertes météo que chaque habitant recevait sur son téléphone lui signalaient les intempéries à venir et à quel moment tous devaient se barricader afin d'éviter les tempêtes qui s'abattaient régulièrement sur la ville. Malgré la taille et la hauteur des murs, le vent s'engouffrait dans l'enceinte en tourbillonnant, comme un animal pris au piège dans une cage de béton. Les bourrasques n'en devenaient que plus dangereuses.

Un coup d'œil à sa montre lui indiqua qu'il lui restait encore quarante-cinq minutes avant le couvre-feu, qu'elle décida de passer dans l'espace vert à côté de son bloc. À peine quelques mètres carrés de verdure, mais ô combien appréciables au milieu de tout ce béton. Elle avisa un banc qui tournait le dos à un ancien stade laissé à l'abandon depuis des années. Abigail ne se souvenait plus de la dernière fois où elle avait vu un enfant y jouer. Avait-elle seulement aperçu quelqu'un sur ce terrain encadré de grilles qui menaçaient de s'effondrer à chaque minute ? Des panneaux de basket pendaient lamentablement, leurs filets depuis longtemps disparus. L'endroit datait d'un autre siècle, une époque depuis longtemps révolue où les enfants venaient jouer tranquillement sous le regard amusé de leurs parents. Quand auraient-ils eu le temps de le faire, de nos jours ? Les gamins partaient à l'école le plus tôt possible afin de libérer leurs parents, assujettis à un travail qui les occuperait jusqu'au couvre-feu. Tout le monde avait déserté cet endroit, et on imaginait des fantômes rôdant entre les herbes qui poussaient dans les fissures du bitume. Dans l'enceinte, les loisirs se limitaient à quelques repas entre amis les week-ends, une balade rapide sur un vélo rouillé autour des blocs d'habitations et quelques jeux en famille entre les quatre murs des appartements mal isolés.

La jeune femme leva les yeux. Où que son regard se posât, ce n'était qu'immenses murs gris, bâtiments en tôle et toits recouverts de panneaux solaires leur fournissant tout juste l'énergie nécessaire pour les tâches courantes.

Alors s'asseoir cinq minutes sur un banc, les pieds dans l'herbe, même synthétique, avait le goût d'un luxe dont elle n'allait pas se priver.

Elle s'installa à l'ombre du bloc 12 et soupira d'aise. Pendant un instant fugace, elle se sentit seule au monde, loin des gens, et apprécia cet instant de déconnexion complète, jusqu'à ce qu'une femme traverse le carré de pelouse à quelques mètres d'elle. Elle la regarda passer, lui sourit quand elle lui fit un signe de la tête et la suivit du regard jusqu'à ce qu'elle sorte de son champ de vision.

Ils étaient peu nombreux dans l'enceinte et pourtant, il lui arrivait encore de voir des visages qu'elle ne connaissait pas.

Les DIX ne leur donnaient jamais le nombre exact d'habitants dans la Cité. En fait, ils ne leur donnaient rien si ce n'est des shows télé sur les écrans qui occupaient chaque mur de la ville. Des écrans qui ne manquaient jamais d'électricité, eux.

Abigail repensa à sa conversation avec le jeune bibliothécaire.

Trois cents ans s'étaient écoulés depuis l'Effondrement et aucune trace ne subsistait de ce qui avait pu se dérouler durant les deux cents premières années qui avaient suivi. Rien n'avait survécu, aucun témoignage, aucune transmission, comme si cette époque avait été engloutie dans un trou noir gigantesque.

La seule information dont ils disposaient leur était rappelée régulièrement par les DIX : le monde à l'extérieur du mur avait disparu. Il ne restait plus qu'eux, coincés dans cette enceinte de béton de plus de cinq cents mètres de haut. Elle posa les yeux sur le mur anthracite et vit les marques laissées par les différents rehaussements qui avaient été nécessaires au cours du temps. Des chapes de béton, coulées les unes sur les autres, qui laissaient des marques sombres entre les niveaux. La paroi était lisse, sans aucune aspérité permettant de s'y accrocher ou de l'escalader. Si des réparations avaient été effectuées à une époque, elles n'avaient laissé aucun stigmate.

L'enceinte était là pour les protéger. Des inondations, des catastrophes extérieures, des bêtes sauvages, aussi, qu'ils entendaient parfois hurler de l'autre côté. À moins de vouloir mourir, qui pourrait bien vouloir sortir ? Ils étaient en sécurité ici. Et ils étaient les derniers.

Elle était bien placée pour le savoir, elle qui observait à longueur de journées les abords du mur sur un écran depuis un bureau à l'intérieur de l'enclave. Agent de sécurité de l'extérieur. Un bien grand mot pour pas grand-chose : l'équipe ne voyait que les deux cents premiers mètres autour de l'enceinte. Pas plus loin. Et ils n'avaient jamais rien vu de passionnant hormis les fougères qui poussaient à la vitesse grand V au printemps pour mourir en automne. Pas même une trace de ces animaux hurlant pendant la nuit.

Elle haussa les épaules machinalement et plongea dans le premier chapitre de son livre. Les pages crissaient sous ses doigts et elle manipulait l'ouvrage comme une pièce de collection. Elle aimait l'odeur du vieux papier, la sensation des feuilles usées par les ans entre ses mains. Ce bout du passé était à elle le temps d'une lecture. Dans l'enceinte, les gens avaient tendance à vivre au jour le jour. Abigail, elle, aimait se plonger dans « l'avant », goûter un temps qu'elle n'avait pas connu et s'immerger ailleurs, dans un monde disparu.

Elle connaissait déjà l'histoire de ce livre par cœur, mais les descriptions de cette ville féérique et si lumineuse qu'était Paris au XXe siècle la fascinaient. « Paris est une fête », écrivait l'auteur. Elle s'imaginait parfois au milieu de ces gens qui, une fois la nuit tombée, vivaient une autre vie, loin de chez eux, entre musique, alcool et séduction. Elle imaginait des saveurs aux boissons ambrées qui tournaient dans les verres des personnages, des senteurs dans le cou des demoiselles séductrices.

Ici, tout avait le même goût et la même odeur : fade, insipide. Même l'alcool qu'ils arrivaient à se procurer en échange de nourriture n'était qu'un anesthésiant amer, bien loin de ces spiritueux qu'Hemingway décrivait comme enivrants et euphorisants.

Elle se concentra sur sa lecture, s'abîmant dans un monde de couleurs et de joie, quand son portable vibra dans sa poche.

Abigail pesta contre cette diversion malvenue et se saisit de son téléphone, puis se figea en voyant la liste de noms qui clignotaient sur l'écran. Les noms de ceux qu'elle devrait assassiner avant que l'un d'entre eux ne la prenne pour cible.

Elle relut le message et sa main se crispa.

Un nom parmi les autres. Mais un nom qu'elle ne connaissait que trop bien. La Régulation changeait les règles et c'était sur elle que ça tombait.

# Chapitre 4

Lauren Tremblay traversa le petit carré d'herbe derrière le bloc 12 d'un pas rapide, salua la jeune femme assise sur le banc avec son livre à la main, et regarda sa montre. Il lui restait juste assez de temps pour faire ses dernières courses avant le couvre-feu. Elle avait quitté son poste à l'hôpital central quelques minutes auparavant et pestait toujours contre le peu de temps qu'il lui restait à la fin de la journée. Elle envia cette femme, assise là, seule, profitant des dernières lueurs du jour qui filtraient au-dessus du mur. Depuis combien de temps n'avait-elle pas pu s'asseoir plus de cinq minutes pour s'occuper d'elle, lire ou juste fermer les yeux un instant, loin de tout et surtout loin de sa vie ?

Ses journées commençaient à 7 heures pour se finir à 18 heures, avec une pause de vingt-cinq minutes où elle avalait la nourriture insipide fournie par l'usine. Elle sortait ensuite du travail, courait jusqu'à l'épicerie du coin et rentrait au plus vite chez elle.

« Chez elle », un bien grand mot pour qualifier cet espace exigu qu'elle occupait avec sa mère depuis sa naissance. Une cuisine et deux petites chambres avec une fenêtre, qu'elles se partageaient depuis trente ans. À peine la place de se croiser dans le couloir et tout juste l'espace de tourner autour de la table de la cuisine. Les voisins d'à côté hurlaient à longueur de temps, tandis que des petits pieds couraient au-dessus de leur tête à toute heure du jour et de la nuit.

Elle savait qu'elle ne devait pas se plaindre, certains vivaient à douze dans le même espace, sans ressources autres que celles que leur donnaient les DIX en guise de salaire pour des emplois exténuants, ce qui était à peine suffisant pour se nourrir et s'habiller.

Son argent, elle ne l'avait pas volé, elle pouvait garder la tête haute. Elle travaillait pour la sécurité de tous et son salaire était largement suffisant pour les nourrir toutes les deux, payer les soins de sa mère et se vêtir décemment.

Pourtant, lorsqu'elle leva les yeux vers les hauteurs du mur ouest, une pointe de jalousie lui serra l'estomac : une villa se dressait, incrustée dans l'enceinte, avec un toit végétal sur lequel, selon la rumeur, se trouvait un parc de verdure d'une superficie équivalant à celle de quatre blocs. Pour seulement une poignée de personnes.

Des privilégiés, issus des familles qui avaient construit cette fortification et érigé la clôture qui les maintenait en vie. Les premiers à avoir été là. Les propriétaires des lieux, et qui le faisaient savoir à tous ceux restés en bas.

Ils ne descendaient jamais parmi le commun des mortels. Ce n'était pas digne d'eux. Ils étaient les sauveurs. Enfin, c'est ce qu'ils disaient chaque jour sur les écrans de la ville, mais tout le monde savait qu'ils n'étaient plus que les descendants de ceux qui avaient sauvé l'humanité. Eux se contentaient du luxe dont ils avaient hérité. Laissant les autres trimer, vivre dans des cages à lapin et dire merci aux DIX pour leur avoir sauvé la vie.

Lauren grommela et traversa la route tête baissée quand un cri retentit à quelques centimètres d'elle :

— Hé !

Une tornade de couleurs fluorescentes la frôla. Lauren recula, trébucha sur le trottoir et finit le derrière sur le sol. La furie bigarrée s'arrêta à sa hauteur et lui tendit une main aux ongles tout aussi colorés.

— Ben alors, ma petite dame, faut regarder avant de traverser !

Lauren attrapa la main tendue et se redressa face à cette inconnue qui lui souriait.

Juchée sur des rollers rouillés, vêtue d'un short déchiré et d'un tee-shirt aux inscriptions illisibles, elle ne devait pas avoir plus de vingt ans.

La jeune femme lui sourit et repartit à toute allure sans attendre un remerciement. Lauren la regarda, fascinée.

Elle aussi avait été aussi insouciante et presque heureuse, il y a très longtemps. Depuis, les choses avaient changé. Sa mère était tombée malade, l'obligeant à s'occuper d'elle nuit et jour, sans repos possible, après ses longues journées de travail.

Parfois, elle aurait voulu fuir. Loin de tout ça. Mais où pourrait-elle bien aller ? À l'autre bout de la ville ? Qu'est-ce que cela pourrait changer ?

Au-dessus d'elle tournoyait un drone et elle se surprit à rire : même si elle partait se cacher dans un recoin, ces satanées machines ne mettraient pas longtemps à la trouver.

Les vibrations de son portable lui firent baisser les yeux.

« Oui, maman, j'arrive… » soupira-t-elle. Elle accéléra le pas en direction de son bloc.

Une nouvelle vibration secoua sa poche. Lauren fronça les sourcils. Ce n'était pas dans les habitudes de sa mère d'insister. Elle avait trop peur de la déranger dans son travail ou dans le peu de temps que Lauren avait pour elle seule.

Sa poche se remit à trembler et Lauren sentit comme une urgence dans ces frémissements. Elle ralentit le pas, sortit l'appareil et se figea au milieu du chemin.

Une liste de noms. À exécuter un par un.

Le drone au-dessus d'elle se mit en vol stationnaire. Elle releva la tête et le fixa. La Régulation venait à peine de débuter et elle était déjà en ligne de mire.

# Chapitre 5

La femme sortit de nulle part, yeux rivés au sol, alors qu'elle arrivait à toute allure. Bettany fit déraper ses rollers sur le bitume fissuré, cria pour l'avertir, mais n'arriva pas à l'éviter complètement et la bouscula, déséquilibrant la passante qui se retrouva assise sur le trottoir.

Elle n'avait pas l'air de s'être fait mal, aussi Bettany eut-elle envie de rire en la voyant ainsi, l'air hébété, à la regarder comme si elle tombait du ciel. Elle sourit et lui tendit la main :

— Ben alors, ma petite dame, faut regarder avant de traverser !

Elle la releva et n'attendit pas de remerciements – ou d'insultes, peut-être – et repartit à toute vitesse.

Il ne lui restait que peu de temps avant le couvre-feu pour faire l'aller-retour entre son appartement et sa boutique. Elle força sur ses jambes et accéléra.

Ce qu'elle appelait sa boutique n'était en fait qu'un obscur réduit de 6 m² que l'épicier acceptait de lui louer à prix d'or. Ici, tout espace avait son importance et elle s'estimait heureuse de pouvoir exercer sa passion, même dans un cagibi sombre et sans fenêtre.

Elle dérapa en arrivant devant le magasin, enleva ses rollers et se précipita dans les allées en criant :

— Je ne fais que passer, Wilson !

— Tu as plutôt intérêt ! Le couvre-feu est dans…

— Je sais !

Un client la regarda foncer, bouche bée, tandis qu'elle faisait grincer ses baskets usées jusqu'à la corde sur le carrelage des allées.

— Fermez la bouche, vous allez avaler une mouche !

— Et vous, vous allez finir dans le rayon des conserves la tête la première si vous continuez !

Elle éclata de rire et s'arrêta dans un crissement de semelles.

Elle ouvrit la porte du réduit, attrapa la pochette à dessin qu'elle avait oubliée, referma aussi sec et repartit dans l'autre sens en envoyant un baiser du bout des doigts au client qui n'avait pas bougé d'un pouce.

Il se mit à rire et dit encore quelque chose qu'elle n'entendit pas. Elle était déjà devant la porte, prête à sortir quand Wilson la rappela :

— Hé Bettany ! Combien de clients demain ?

Elle lui répondit en même temps qu'elle rechaussait ses patins à roulettes.

— Deux seulement. Les temps sont durs pour les tatoueurs !

— Tu as le temps de piquer Coraly, alors ?

Bettany releva la tête et le fusilla du regard.

— Wilson, combien de fois je devrai te répéter qu'avant de piquer, je dois dessiner ! T'as l'impression que ça arrive comme ça, en claquant des doigts, le tatouage ? Regarde ! (Elle secoua la pochette qu'elle venait de récupérer.) Je vais devoir travailler ce soir pour être au point demain. Alors tu penses vraiment que je vais avoir le temps de préparer un croquis pour ta copine ?

L'homme leva les mains.

— Je sais, je sais. Mais c'est juste une bricole, ça va te prendre deux minutes. Et je lui ai promis que tu lui ferais. Demain…

Bettany grogna. Elle savait qu'elle ne pourrait pas lui refuser. C'était lui le patron, il pouvait lui retirer le cagibi du jour au lendemain s'il le désirait et elle se retrouverait sans revenus.

Elle attacha la dernière sangle de son patin, se redressa et s'appuya contre le chambranle de la porte.

— 15 heures. Et qu'elle ne soit pas en retard !

Wilson sourit et fit un clin d'œil au client qui les avait rejoints en caisse.

— C'est qui le patron ? lança Wilson.

— Un jour, je rachèterai ta boutique et je te foutrai dehors ! Allez, bonne soirée, les gars !

Et elle s'élança dans la rue sous le rire des deux hommes.

Il lui restait à peine dix minutes pour remonter les cinq blocs qui la séparaient de chez elle et elle avait déjà une minute de retard sur son timing habituel.

Manquait plus qu'une autre femme se jette sous ses roues et elle serait bonne pour une amende.

Elle leva les yeux et vit un drone au-dessus de sa tête.

— Vous n'êtes pas en retard, vous !

Elle leva un majeur en direction de la machine et poussa sur ses cuisses.

Moins de neuf minutes plus tard, elle refermait la porte de son appartement, à peine plus grand que son réduit chez Wilson, et sauta dans la douche.

Pour une fois, l'eau n'était pas glacée et coulait en continu. Bettany apprécia l'instant et frotta les traces d'encre sur ses doigts. Elle avait obtenu une dérogation des DIX pour exercer son métier, considéré comme non essentiel par la communauté. Ils avaient estimé qu'il valait mieux un travailleur non productif qu'un déchet de plus à charge de la collectivité. Elle travaillait donc tranquillement, tout en payant des taxes exorbitantes, car « non essentiel » rimait avec « revenus substantiels » pour les DIX.

Vivre de sa passion était une liberté que ces clowns qui dictaient les lois lui faisaient payer au prix fort.

Elle sécha ses cheveux multicolores et allait s'avachir sur son lit quand son portable émit deux petits sons métalliques.

Elle lança sa serviette mouillée sur la table et grogna :

— Encore un client qui ne connaît pas les horaires d'ouverture…

Elle attrapa le téléphone, lut le message.

Sa vie venait de virer au cauchemar.

Jack Sullivan regarda disparaître la tornade multicolore et sourit en tendant ses achats à Wilson.

— Sacrée nana, cette petite !

L'épicier éclata de rire.

— C'est pour ça que je la garde. Elle a quatre mois de loyers de retard, mais je laisse courir. Elle met de la couleur dans ma vie !

Jack éclata de rire à son tour.

— Avec une telle tignasse, c'est une évidence !

Wilson ne répondit pas, plongé dans les calculs des achats de Sullivan. Surpris, ce dernier interrogea l'épicier :

— La caisse est en panne ?

— Ces satanées coupures d'électricité me l'ont grillée hier matin. C'était déjà une antiquité, elle n'a pas supporté la dernière interruption.

— Si les murs n'étaient pas si hauts, on aurait plus de lumière pour les panneaux solaires…

Wilson releva vivement la tête et fixa Jack.

— Vous voulez abattre les murs ? Mais vous savez ce qu'il y a dehors ?

— Non. Pas plus que vous, d'ailleurs…

— Les bêtes sauvages, les inondations à répétition, les tempêtes qui emportent tout et que les murs contiennent… Comment voulez-vous qu'on fasse sans cette protection ? Vous avez envie de mourir ?

Sullivan eut envie de lui répondre que personne n'avait jamais vu de bête sauvage, ni entendu d'eau taper contre l'enceinte. Quant aux tempêtes, elles sévissaient aussi dans la cité, les murs n'étaient que de la décoration et le reste un mythe invérifiable depuis au moins un siècle.

Au lieu de cela, il secoua la tête sans répondre et paya ses achats.

Alors qu'il quittait la boutique, il entendit Wilson sur le pas de la porte :

— Abaisser les murs… Ben voyons ! Et pourquoi pas aller voir ce qu'il se passe plus loin, tant qu'on y est !

Cela le déprima. Tous ces gens qui croyaient dur comme fer ce que les DIX leur assénaient depuis des années le rendaient fou.

Trois cents ans que l'Effondrement avait eu lieu et ils ne savaient toujours pas ce qu'il s'était vraiment passé. Déjà petit, il avait interrogé sa grand-mère qui lui racontait des histoires d'un autre temps, le soir avant de s'endormir. Elle lui assurait les tenir de sa propre grand-mère et espérait qu'il les raconterait à son tour à ses enfants. Ces récits étaient peuplés d'animaux que les humains dressaient pour leur tenir compagnie, à qui ils apprenaient des tours pour les exhiber sur des scènes appelées « cirque », ou les parquer dans des cités réservées aux animaux nommées « zoos ».

Les seuls animaux qu'il avait vus de sa vie étaient ceux qui peuplaient les champs de production de viande dans le quartier est de l'enceinte et les oiseaux qui s'aventuraient parfois au-dessus des murs.

Comme tous les habitants, il lui arrivait d'entendre des rugissements au-delà de l'enceinte, sans savoir si l'animal pesait deux tonnes ou quelques dizaines de kilos.

Il aurait tellement aimé sortir d'ici et partir explorer cet espace qui les entourait et dont les habitants ne connaissaient rien. Sauf ceux qui travaillaient à la sécurité extérieure, mais qui étaient soumis à des clauses strictes de confidentialité et qui ne voyaient de dehors que des bribes sur un écran. En cas de rupture du secret professionnel, ils iraient croupir dans une cave dans les sous-sols du bloc 1 jusqu'à la fin de leurs jours. Dans le meilleur des cas.

Et lui, il était condamné à mentir, à cacher ses doutes et ses interrogations. Mentir à ses proches en faisant comme si tout était normal. Mentir à ses élèves à qui il apprenait que la vie était ici et pas ailleurs. Mentir à lui-même aussi en ravalant tous ses rêves et ses questions.

Chaque jour, il avait face à lui des dizaines de petits visages qui le regardaient comme s'il détenait la vérité. Il se forçait à leur sourire pendant qu'il leur débitait des textes copiés dans des livres dont il ne connaissait pas l'origine. Les petits arrivaient dans sa classe dès qu'ils étaient en âge de se tenir tranquilles durant quelques heures. Le plus jeune avait trois ans, le plus vieux en avait quinze, assis à la même place depuis qu'ils avaient intégré la classe unique. Un enseignement unique pour des élèves qui deviendraient des rouages d'une société malsaine.

Dans un an, son élève le plus âgé passerait un examen aussi inutile que fastidieux et les DIX lui attribueraient un emploi. L'enfant se mêlerait alors à la communauté et sa vie serait toute tracée jusqu'à ce qu'il meure de maladie, de fatigue ou de désespoir. Quel que soit l'enseignement que Jack ait pu lui apporter, il n'y avait pas de grand gagnant à la fin. Parfois il se demandait si ses collègues pensaient comme lui, mais il n'avait jamais décelé quoi que ce soit dans leur attitude qui pouvait lui faire penser qu'il trouverait des alliés parmi eux. Alors il continuait à se taire. À s'acquitter de ce qu'on lui demandait, sans faire de vague.

Arrivé chez lui, il contempla la façade grise du mur qui faisait face à sa fenêtre. Une paroi lisse, sombre, à peine incurvée à son extrémité. Écrasante. Et sans échappatoire possible. Aucune porte ne donnait sur l'extérieur, le mur d'enceinte était fait d'un seul bloc.

Il soupira et attrapa un verre d'eau, se laissa tomber sur le sofa qui occupait la moitié de la pièce avant de se raviser. Il se saisit de son matériel à dessin et se dirigea vers son minuscule balcon, ultime privilège dans cet appartement qu'il avait hérité de ses parents.

Une table et une chaise y étaient installées, l'obligeant à se contorsionner pour s'asseoir.

Jack ouvrit son carnet et prit un bout de fusain.

Il s'apprêtait à commencer un portrait, peut-être celui de Wilson, avec ses yeux écarquillés lorsqu'il lui avait parlé du mur.

Ou celui de Bettany, lumineuse adolescente dans ce monde sans saveur.

Mais il était gêné par le bruit d'un drone qui flottait au niveau de son balcon. Jack lui jeta un regard mauvais et s'aperçut que la machine ne volait pas droit, comme si elle avait pris un coup sur le côté gauche. L'appareil était à quelques centimètres de la rambarde, si près qu'en tendant le bras, il aurait pu le toucher. Ce qui était strictement interdit. Alors il retint le mouvement involontaire de sa main qui s'était avancée vers la machine.

Cette dernière fit une brusque embardée et faillit le percuter.

— Saleté d'engin…

Le drone continua à voler de façon anarchique, puis se stabilisa, toujours en vol stationnaire devant sa fenêtre.

Jack fit un mouvement brusque, comme pour chasser un insecte gênant, mais l'appareil ne bougea plus de sa position.

Il haussa les épaules et rentra quand même se mettre à l'abri. Il fallait toujours se méfier avec ces engins. Ça restait des machines. Armées.

Il retournait s'asseoir dans le sofa quand il entendit son portable sonner au fond de sa mallette en cuir. Un simple bip étouffé qui se répéta quelques secondes plus tard.

Il posa son matériel à dessin et attrapa distraitement le téléphone.

Les élèves avaient tendance à lui envoyer des messages lorsqu'ils faisaient leurs devoirs le soir et il se demanda en souriant lequel était en galère.

Il cliqua sur l'écran, lut le message et laissa tomber l'appareil au sol.

Le portable rebondit à ses pieds sans qu'il tente le moindre geste pour le récupérer.

Il leva les yeux. Le drone l'observait toujours.

# Chapitre 6

L'écran de contrôle signalait le dysfonctionnement d'un drone et une sonnerie se mit à retentir dans le petit local de surveillance. Élisabeth Robert grogna.

— Qu'est-ce qu'il se passe ?

L'agent assis devant le moniteur tressaillit au son de sa voix, dure et froide, comme toujours. La jeune femme avait beau être magnifique, avec ses pommettes hautes et ses yeux en amande au milieu d'un visage rond aux traits fins, ses lèvres réduites à une fine ligne témoignaient de son caractère inflexible. Elle fichait une trouille de tous les diables à ceux qui travaillaient sous ses ordres.

Il déglutit et répondit :

— Un appareil semble défectueux. J'ai l'impression qu'il ne vole pas droit.

— Lequel ?

— Attendez… Matricule 2765A. Un ancien modèle.

— Saleté de drone. On peut le localiser ?

L'agent pianota, Élisabeth s'impatienta.

— Alors ? Ça vient cette localisation ?

— Il semble verrouillé. Impossible de savoir où il se trouve.

Un poing rageur tomba sur la console, à quelques centimètres de l'agent qui rentra la tête dans les épaules.

— Comment veulent-ils qu'on travaille dans ces conditions, bon sang ! Je suppose que la caméra est verrouillée aussi ?

— Affirmatif. Il est en code sécurité.

— Saloperie. Rappelez-le au local, qu'on regarde ce qui déconne.

Les touches s'activèrent encore une fois, sans résultat.

— Madame, je n'ai pas accès au module de retour du...

— Débrouillez-vous pour que cet engin soit ici dans les cinq minutes !

— Mais, madame...

Elle lui jeta un regard noir et lui fit signe de se lever. L'homme bondit de son fauteuil tel un ressort et lui laissa sa place bien volontiers.

Élisabeth s'installa et s'attaqua au logiciel du drone défectueux. Dans son dos, elle sentait le regard de l'employé, ce qui lui déplut : elle avait quelques manipulations à faire discrètement.

La directrice pivota sur sa chaise afin de cacher l'écran au regard indésirable du bonhomme et s'attela à sa tâche.

Malgré ses logiciels espions, elle ne put pénétrer à l'intérieur du drone. Elle tenta de désactiver le pare-feu qui l'empêchait d'accéder au cœur de la machine et se heurta de nouveau à un mur.

— Merde, laissa-t-elle échapper.

En désespoir de cause, elle lança la procédure d'urgence pour le ramener à l'entrepôt. Elle avait une théorie sur la panne de l'appareil et devait absolument savoir si elle avait vu juste.

Contre toute attente, sa dernière tentative fonctionna et le GPS de la machine indiqua enfin les coordonnées de l'entrepôt. Le drone serait sur place dans les trois minutes.

Elle soupira de soulagement, se leva et afficha une expression satisfaite en direction de l'agent qui attendait toujours debout derrière elle.

Il n'entendit qu'un « incapable » à peine murmuré avant que la porte ne claque dans son dos.

Élisabeth continua à râler dans le couloir :

— Des incapables. Tous abrutis, bon sang !

Un homme arriva dans le sens inverse et sourit. Tous ici la connaissaient bien et la plupart craignaient cette femme autoritaire et capricieuse. Mais pas lui.

— Bonjour Élisabeth. On est encore dans un bon jour, à ce que je vois.

— Comment tu veux bosser dans de bonnes conditions, Sam ? Franchement, les DIX nous bloquent régulièrement les accès aux drones, on est aveugle et si un accident arrive avec ces machines sorties d'un autre siècle, ce sera notre faute !

— Tu sais bien qu'on est limité par le manque de matières premières. On rafistole, on répare et il faut que ça reparte. Tu devrais essayer les tisanes, ça te calmerait un peu.

— Des tisanes ? Et puis quoi encore ? Dis-moi aussi que ça me fera venir au boulot en chantant, pendant que tu y es.

Elle haussa les yeux au ciel et reprit sa route sans un regard en arrière.

— Je t'assure que c'est très efficace ! Je t'en apporte demain !

Elle leva un majeur sans se retourner et réprima un sourire en entendant son collègue se mettre à rire.

Deux étages en dessous se trouvait le local des drones défectueux. La pièce empestait l'huile chaude et la ferraille. Élisabeth fronça le nez, elle détestait l'endroit et tout ce qui lui était associé : pas de fenêtre, des murs suintant de graisse et des hommes vulgaires et sales dans tous les recoins.

Elle redressa la tête, croisa les bras dans le dos et s'avança au milieu des rires aussi gras que les pièces détachées.

Dans la pénombre de l'atelier, sa peau sombre et sa robe noire la dissimulaient aux yeux des ouvriers. Mais sa présence, trahie par le bruit de ses talons hauts sur le dallage brut, ne mit pas longtemps à être remarquée. Les rires diminuèrent comme une onde sonore qui s'évanouit, les outils se remirent à vibrer et les têtes se baissèrent sur leur ouvrage.

Satisfaite de son effet, Élisabeth retint un sourire. La peur qu'elle leur inspirait les contraignait au respect.

Dans le brouhaha des machines en marche, elle haussa la voix :

— Le drone 2765A a été rappelé. Est-ce qu'il est arrivé ?

Un homme se leva en pianotant sur une tablette sale.

— Il est en route, madame.

Elle hocha la tête.

— Bien ! Combien de temps avant son arrivée ?

— Moins d'une minute, madame.

— Alors on va l'attendre ensemble.

Le sourire qu'elle lui adressa, plus carnassier que bienveillant, glacial et plutôt effrayant, ne le rassura pas.

Lorsque la trappe s'ouvrit sur le drone attendu, l'homme soupira de soulagement, ce qui n'échappa pas à Élisabeth Robert qui le foudroya du regard.

— N'imaginez pas une seconde que vous allez vous débarrasser de moi comme ça. Vous me dépouillez cette machine tout de suite. Je veux savoir d'où elle vient, pourquoi elle a failli s'écraser. Et qui a entré les coordonnées de déplacement.

L'homme se tendit, hocha la tête et se jeta sur l'appareil qui voletait encore dans la pièce.

Tout, plutôt que de rester à proximité de cette harpie.

Il connecta la machine à sa tablette et scrolla jusqu'à trouver les informations demandées. Ou plutôt, jusqu'à ne pas les trouver. Le logiciel de l'engin était vide, comme s'il sortait de l'usine. Aucun trajet n'était enregistré, aucun dysfonctionnement répertorié. S'il ne l'avait pas vu lui-même passer la trappe, il aurait juré que ce drone n'avait jamais quitté l'usine d'assemblage.

Il allait maintenant devoir annoncer ça à la mégère et il sentait déjà la sueur lui dégouliner dans le dos.

Il rapporta à Élisabeth ce qu'il n'avait pas retrouvé dans l'appareil. Il la vit blêmir dans la pénombre de l'atelier, et serrer les lèvres au point qu'elles n'étaient plus qu'un fin trait au milieu de son visage.

Elle lui arracha la tablette des mains et vérifia à son tour. Sans succès : tout avait été effacé.

Elle jeta la tablette au sol d'un geste rageur et sortit de l'atelier sans un mot. Elle devina les regards ahuris des hommes dans son dos, mais n'en avait cure.

Elle s'en était douté dès le début, sans vouloir y croire. Il n'y avait qu'une explication à ça et, s'il n'y avait eu ce dysfonctionnement en vol, elle n'en aurait rien su avant l'annonce officielle qui ne devrait plus tarder.

La Régulation était en marche.

Élisabeth savait ce qu'il lui restait à faire. Elle quitta le sous-sol et ses ateliers pour retrouver une zone de réseau dans un coin isolé du bâtiment et envoya un message laconique : « Je crois que ça a commencé. On se retrouve chez toi. » L'adrénaline monta le long de sa colonne vertébrale et un sourire sauvage fleurit sur son visage.

# Chapitre 7

Christopher Leer était heureux de retrouver son appartement. Il détestait son travail, plus que tout au monde, et l'altercation entre son chef et cette Élisabeth Robert lui avait mis les nerfs à fleur de peau. Lorsque la femme était entrée dans l'atelier, il s'était caché derrière une machine pour ne pas servir de bouc émissaire. Il la connaissait, comme tous ceux qui travaillaient dans le bâtiment et elle n'était pas vraiment réputée pour sa gentillesse. Elle l'avait d'ailleurs encore une fois largement démontré ce soir.

Dès qu'elle était sortie, il avait pris la poudre d'escampette, quitte à faire des heures supplémentaires le lendemain.

Il était si discret que personne ne l'avait vu sortir de la pièce, ni même entendu. De toute façon, qui ferait attention à un vieil homme aux cheveux blancs, constamment voûté sur son plan de travail et dont on ne voyait jamais le gris délavé des yeux tant son regard restait en permanence rivé au sol ?

Il avait fait de cet anonymat son mode de vie. Pas d'amis, pas de famille, juste lui et ce quotidien monotone qui se répétait chaque jour à l'identique : un café le matin, une petite marche jusqu'à l'atelier où il travaillait, une salade le midi avant de se remettre au boulot jusqu'à 17 heures et retour chez lui après un bref passage à l'épicerie pour acheter un repas frugal qu'il prendrait assis sur son lit, face à sa fenêtre qui donnait sur le mur gris.

Il était persuadé que certains de ses collègues ne connaissaient même pas son nom. Ni le son de sa voix.

Il faisait son travail, ça s'arrêtait là.

Demain serait un jour comme les autres. Pas mieux qu'aujourd'hui, pas pire qu'hier. Et ça lui convenait parfaitement. Il n'était jamais surpris ni pris au dépourvu, puisque rien ne lui arrivait jamais.

Il aurait pu arrêter de travailler, il avait assez d'argent pour vivre encore vingt ans comme ça. À ne rien acheter et ne rien gaspiller, il avait accumulé des crédits qu'il ne dépenserait jamais. Mais à quoi bon se retrouver entre les quatre murs de son minuscule appartement à longueur de temps ? Il était satisfait de sa morne existence et n'avait besoin de rien de plus. Christopher travaillerait jusqu'à sa mort.

Il lui arrivait parfois de s'imaginer en train de trépasser d'une crise cardiaque dans l'atelier, sans que personne ne s'en aperçoive. Il se décomposerait derrière sa machine jusqu'à ce que l'odeur de son corps alerte ses collègues qui se demanderaient qui pouvait bien être ce type qui avait eu le toupet de mourir ici. Ce serait la seule chose un peu extraordinaire qu'il aurait faite dans son existence. Et si jamais il mourait dans son appartement, il faudrait sans doute des semaines pour qu'on s'en aperçoive. Mais ce serait toujours moins original que de rendre l'âme dans l'atelier.

Il pela une pomme, jeta les épluchures dans le seau à compost qui aspira immédiatement les déchets. Un rire rauque lui échappa.

— Voilà où tu termineras, mon gars. Comme tout le monde ! Avec les épluchures de pommes et les déjections de tes copains !

Il referma la poubelle et s'installa dans son fauteuil au revêtement élimé. Face à lui, un petit écran rutilant était accroché au mur, seul caprice auquel il avait cédé dans sa vie. Il l'alluma et une femme tirée à quatre épingles apparut sur le téléviseur.

Christopher avait coupé le son, comme d'habitude, mais il savait qui elle était. Son écran n'était qu'une extension de ceux qui ornaient les murs de la ville, à chaque croisement, au-dessus de chaque usine, de chaque immeuble.

Les DIX étaient partout, tout le temps. Et cette femme en était la principale manifestation. Son visage anguleux était celui de la loi incarnée. Ses cheveux blonds, coupés en un carré strict, effleuraient des oreilles qu'elle avait parfaites. S'il avait monté le son, il aurait pu entendre une voix douce, mais ferme, une élocution magistrale et une modulation ajustée aux annonces qu'elle prononçait.

Mais il n'avait que faire du son. La seule chose qui l'intéressait était de l'avoir en face de lui, toute la soirée. Elle lui appartenait pour quelques heures. Il lisait sur ses lèvres et ne tarda pas à comprendre la teneur du discours : une énième leçon de morale sur la façon de faire des économies d'énergie au sein de la cité. Alors il se lança dans un dialogue imaginaire.

— Blablabla. Tes interventions deviennent redondantes, Évangéline, grogna Christopher. Sinon, ta journée s'est bien passée ?

Il hocha la tête tandis qu'il imaginait la réponse de son interlocutrice.

— Parfait ! lui répondit-il en la regardant sourire à travers l'écran. J'aime beaucoup ton nouveau tailleur, tu sais.

La femme sur le téléviseur posa une main sur l'accoudoir du fauteuil rouge dans lequel elle était assise.

— Oh, je vois que tu as fait tes ongles, ce matin ! Ça va très bien avec ta tenue. Qu'est-ce que tu veux manger, ce soir ?

Le silence lui répondit, mais il sembla satisfait.

— Je vais te préparer ça. Ne bouge pas, je reviens dans une minute.

Il ouvrit le frigo, en sortit quelques feuilles de salade défraîchies qu'il mit dans deux assiettes, accompagnées de petits bouts de tomates rabougris et saupoudrés de fromage râpé. Satisfait, il retourna au salon et installa les deux assiettes sur la table basse avant de s'apercevoir qu'il avait oublié la sauce et les couverts.

Il soupira et s'adressa à l'écran où la femme continuait son monologue silencieux.

— Ne commence pas à manger sans moi !

C'est à ce moment que son portable tinta. Il grommela et revint dans le salon :

— Il faudra que tu dises à tes amis que ce n'est pas une heure décente pour envoyer des messages. Nous sommes en plein repas ! Ils ne respectent donc rien, tes collègues ? La météo peut bien attendre, nous sommes tous cloîtrés à la maison, tu sais ?

Irrité, il attrapa le téléphone qu'il avait laissé sur le chevet, lut le message et blêmit.

Il leva des yeux écarquillés sur le téléviseur où s'agitait toujours la blonde et murmura :

— La Régulation… Tu aurais pu me prévenir, Évangéline.

Il s'assit dans son fauteuil et coupa l'image.

# Chapitre 8

Écrans géants de la ville

À 8 h 05 le lendemain matin, les écrans disséminés un peu partout dans la Cité affichèrent simultanément un fond rouge, tandis qu'une mélodie lente et grave montait des haut-parleurs. La foule se figea instantanément et leva les yeux sur les panneaux numériques. Au-dessus d'eux, le ciel se couvrait, le soleil disparaissait.

Les visages des DIX apparurent un par un, assis autour d'une table. L'image zooma sur Évangeline Black, la présidente.

L'allocution était retransmise sur tous les canaux de diffusion possibles : écrans, smartphones, ordinateurs. La ville cessa de grouiller pour se focaliser sur ce que la jeune femme allait dire.

Plus un bruit dans les rues, chacun retenait sa respiration. Car ils savaient. Ils avaient reconnu la mélodie qui annonçait la Régulation et leur nouveau statut de proie potentielle.

Évangéline offrit son plus beau sourire à la population tétanisée et prit la parole.

« *Chers habitants de la Cité. Vous avez sans aucun doute identifié la musique qui vient de retentir dans la ville. La Régulation a été déclenchée hier soir suite à une augmentation de la population que les décès n'ont pu équilibrer. Cela fait plus de seize ans que nous n'avons pas eu recours à ce système et, croyez-nous, ce n'est pas de gaieté de cœur que nous avons émis nos messages hier soir. Huit d'entre vous ont reçu le nom de quatre habitants de cette ville. Parmi ces quatre noms, un seul sait qu'il est en danger. Les autres ne le savent pas. Vous connaissez les règles : la localisation des personnes qui ont été sélectionnées ne sera révélée aux Régulateurs que par le biais d'un GPS. Pas d'adresse, pas d'indice, pas de nom. Juste un point sur un écran. Aux Régulateurs de faire leur choix. Et le bon. Il n'y aura pas de sanction en cas d'erreur. Vous vivrez seulement avec un meurtre de plus sur la conscience.*

*Un Régulé qui tuerait son Régulateur deviendrait de fait destinataire des noms restants sur la liste.*

*Un Régulateur qui éliminerait un autre Régulateur avant que ce dernier n'ait fini sa liste hériterait des noms supplémentaires.*

*Jusqu'à ce qu'il n'en reste qu'un.*

*Personne ne doit intervenir s'il assiste à une Régulation. C'est une règle immuable et à laquelle nous ne dérogerons pas. Tuer un Régulateur sans être sur sa liste est un crime qui sera puni. Sévèrement.*

*Ceci n'est pas un jeu. Il n'y a rien à gagner et le dernier Régulateur restera anonyme.*

*Il s'agit juste d'être équitable. Nous sommes trop nombreux, nous ne pouvons pas attendre de retrouver naturellement un nombre d'habitants qui nous permette de vivre sereinement, au risque de subir des pénuries qui pourraient impacter l'ensemble des citoyens.*

*Je sais que vous comprenez.*

*Nous n'aurons donc qu'une seule phrase à ajouter…* »

Le visage d'Angeline Black rétrécit sur l'écran pour laisser place aux neuf autres gouvernants et, d'une voix unique, ils lancèrent :

« *Bonne chance.* »

Les visages devinrent flous puis disparurent pour laisser place à un écran rouge.

La foule, jusque-là immobile et silencieuse, commença à frémir, les gens baissèrent la tête et jetèrent des coups d'œil en biais à leurs voisins. Chacun d'entre eux était un tueur potentiel. À tout moment, la mort pouvait surgir, mais ils savaient aussi que seuls, ils étaient plus vulnérables : un point facilement identifiable sur le GPS des Régulateurs. S'isoler revenait à se coller une cible dans le dos.

Alors la foule commença à bouger, à se rapprocher jusqu'à constituer un bloc pour mieux faire face à ce qui leur arrivait. Des groupes d'une vingtaine de personnes commencèrent à se disperser, en route vers leur lieu de travail où ils se joindraient à un nouveau clan pour espérer passer inaperçus.

Jusqu'au moment où ils se retrouveraient face à leur destin.

Qui serait leur bourreau ? Un inconnu ? Un voisin avec qui ils avaient partagé des discussions, parfois même un verre ou un repas ? Un collègue de bureau ?

Tout le monde pouvait être ce Régulateur qui les faucherait.

Les regards balayaient la foule à la recherche de celui ou celle susceptible de les traquer, sondaient les expressions, examinaient chaque geste en mesure de les alerter sur le danger qui les menaçait.

Et au fond de chaque pupille brillait la lueur de la peur.

La paranoïa s'était invitée dans chaque cœur, le faisant battre plus vite. Plus fort.

# Chapitre 9

La nuit avait été agitée et le réveil au son de la voix d'Évangéline n'avait pas contribué à calmer les nerfs d'Abigail. Elle avait dû feindre la surprise à l'annonce de la Régulation, puis la peur. Elle s'était collée à son mari et, ensemble, ils avaient attendu que les haut-parleurs se taisent. Depuis, ils n'avaient pas bougé du lit.

Dans la tête de la jeune femme, c'était le chaos. Elle cherchait à élaborer un plan d'action, car elle se savait en danger. Un des Régulateurs avait sans doute déjà vu son nom s'afficher sur son téléphone et elle allait devoir rester sur ses gardes. À partir de maintenant, elle était un point clignotant sur un écran. Une cible à abattre.

Mais ce n'était pas ce qui la dérangeait le plus. Elle s'était préparée à cette éventualité depuis sa majorité en gardant son corps au mieux de sa forme, et durant sa jeunesse son père lui avait appris à manier les couteaux.

Chaque citoyen savait que la Régulation pouvait être déclenchée un jour ou l'autre et se devait d'être prêt.

Elle se tourna dans le lit et observa le dos de son époux. La jeune femme voulait prolonger ce moment de calme avant la tempête. Du bout du doigt, elle suivit le tracé des muscles saillants de ses épaules, descendit le long du bras puis posa sa main à plat sur ses reins. Elle sentait sous sa paume toute la force de cet homme qui partageait sa vie depuis plus de dix ans.

Il était rentré un peu plus tard que d'habitude la veille, suite à une opération de compostage de dernière minute qui avait duré plus longtemps que prévu.

Elle l'avait regardé poser ses affaires dans le petit hall de leur appartement et se diriger vers la salle de bains pour nettoyer ses vêtements qui sentaient horriblement mauvais. Il empestait la terre froide, la pourriture, l'humidité et bien d'autres choses auxquelles elle ne voulait pas penser.

Du haut de ses deux mètres, son époux faisait figure d'extraterrestre dans le paysage de la ville. Là où les autres ne dépassaient que rarement le mètre quatre-vingts, lui avait poussé comme un champignon. À croire qu'il avait grandi sur un tas de compost dès sa naissance !

Tout chez Kyle était démesuré : un manche de pelle avait l'air d'une brindille entre ses mains, ses pieds larges lui conféraient une stabilité hors norme, et on pouvait mettre deux fois sa femme dans ses pantalons.

Elle l'avait vu froncer le nez avant de disparaître dans la salle de bains, signe que son dernier compostage lui avait retourné l'estomac.

Elle se souvenait de la première fois où il avait dû composter un corps.

La dépouille était arrivée en même temps que des épluchures de pommes et était si petite qu'il avait d'abord pensé à un porcelet n'ayant pas survécu à sa première semaine. C'était le corps d'un nourrisson. Un petit bébé tout rose et potelé aux yeux fermés et à la poitrine immobile. Il avait saisi le petit cadavre avec ses grandes paluches et l'avait déposé sur le tas réservé aux morts avec une délicatesse infinie. Des épluchures s'étaient accrochées à ses ongles et il les avait retirées une par une, lentement, avant de caresser le petit crâne dégarni.

Le cœur lourd, il avait ensuite recouvert le bébé d'une pelletée de terre et une larme s'était échappée de ses yeux bleu pâle.

Sous ce tas reposaient indifféremment des hommes, des femmes, des enfants. Chaque jour, de la terre était rajoutée par-dessus les dépouilles avant d'être retournée et mélangée aux restes des déchets qui arrivaient et suivaient le même processus. Quand les corps étaient totalement réduits en terreau fertile, ce dernier était ensuite filtré et envoyé à la ferme où il nourrirait à son tour le sol et les cultures.

Rien ne se perd, tout se transforme.

Certains soirs, ça lui coupait l'appétit. Il voyait les visages de ces gens qu'il avait ensevelis, incapable d'avaler le moindre aliment. Puis il oubliait. Pendant quelques jours, il n'avait affaire qu'à des déchets ordinaires, comme ces épluchures de pommes. Alors il dévorait tout ce qui lui passait sous la main, avec frénésie, comme si son corps avait besoin de stocker en prévision de la prochaine privation qu'il lui imposerait. Puis arrivait un nouveau cadavre. Et tout recommençait.

Maintenant, c'était son corps à lui qui allait devoir rejoindre le compost. Car c'était son nom qui figurait sur la liste qu'Abigail avait reçue la veille, au milieu d'anonymes. La Régulation ne suffisait pas, il avait fallu que les DIX lui infligent un ultime coup de poignard dans le dos. Chaque Régulateur avait-il reçu le nom de quelqu'un qu'il connaissait dans sa liste ? Cela pimentait-il leur jeu macabre ? Elle ne le savait pas. Rien n'avait jamais filtré. Le dernier Régulateur demeurait à chaque fois anonyme, ce qui constituait une des règles les plus importantes. À quoi tout cela rimait, bon sang ?

Abigail ravala un sanglot et se leva en douceur. Elle ne voulait pas croiser son regard, voir les yeux verts de son mari s'ouvrir et la regarder amoureusement.

Emmitouflée dans un châle de soie, elle s'enferma dans la salle de bains et pleura.

Les DIX étaient cruels, pervers, loin des réalités de ceux qu'ils étaient censés protéger. Jamais un de leurs noms n'apparaîtrait sur l'écran d'un smartphone. Ils ne risquaient rien, mais décidaient qui devait vivre ou mourir ici-bas.

Le chagrin fit lentement place à la haine. Abigail entra dans la douche et frotta son corps pour faire disparaître toute trace des caresses de la veille. Éliminer ce qui l'empêcherait d'accomplir sa Régulation : l'odeur de son mari, les sensations qu'elle avait ressenties en lui faisant l'amour une dernière fois, effacer les souvenirs de ce qu'ils avaient été.

L'eau était gelée, mais cela ne la dérangea pas. Elle se frictionna de plus en plus fort, et sa peau vira au rouge vif tandis qu'elle recommençait à pleurer

Soudain, elle sentit une présence dans la pièce, derrière le rideau. Ses muscles se raidirent instinctivement, elle fléchit les genoux et se prépara à une attaque.

— Chérie, tu n'aurais pas vu ma chemise grise, par hasard ?

Abigail soupira de soulagement et se détendit. Elle tenta de prendre une voix neutre :

— Regarde dans la panière de la chambre, j'ai dû la laver il y a quelques jours.

— Parfait ! Je te prépare le petit-déjeuner pendant que tu finis de te laver.

La porte claqua avant qu'elle n'ait eu le temps de lui répondre.

Elle s'enveloppa dans une longue serviette et sortit de la douche. Les cheveux encore dégoulinants d'eau masquaient les larmes qui glissaient sur ses joues.

Elle enfila l'uniforme réglementaire des agents de la sécurité extérieure et lissa les plis de son pantalon. Elle détestait cette tenue, ce bleu électrique et ces liserés jaunâtres dont la couleur avait passé avec le temps. Aucune poche pour y dissimuler une arme, trop près du corps pour y glisser quoi que ce soit ; loin de la tenue idéale pour la Régulation.

Son seul avantage : un corps svelte et fort qu'elle entretenait depuis des années. Elle allait devoir compter sur ses poings, son jeu de jambes et éventuellement sur ce qui lui tomberait sous la main quand elle serait face aux Régulés qu'elle devrait tuer.

Concernant Kyle, le problème ne se posait pas : la maison était remplie d'armes potentielles. Autour d'elle, elle en dénombra trois : une serviette mouillée à appliquer sur le visage, un peigne au manche pointu, un miroir qu'il suffisait de briser.

Elle hocha la tête. Elle refusait d'y penser. Pas maintenant. Pas aujourd'hui.

Elle se composa un sourire factice et sortit rejoindre celui qui était encore son mari. Dans la cuisine, Kyle lui tournait le dos, penché au-dessus de l'évier où il faisait la vaisselle. Sans se retourner, il lui lança :

— L'eau dans la bouilloire est chaude et tes œufs sont sur la table.

Abigail jeta un œil sur le plan de travail. L'assiette était fumante et ses œufs juste à point comme elle les aimait. Mais ce qui attira son attention fut le grand couteau de cuisine posé à côté de deux tartines de pain beurrées.

Elle n'avait qu'un pas à faire pour s'en saisir et le planter dans le dos de son mari. En une seconde, tout serait terminé. Maintenant. Elle prit une inspiration profonde et avança une main tremblante vers la lame.

Kyle se retourna brusquement, lui sourit, et Abigail, prise au dépourvu, s'appuya nonchalamment sur la table, les doigts à quelques centimètres du couteau. Elle tenta de lui sourire en retour, mais sa bouche ne réussit qu'à grimacer. Elle espérait qu'il ne remarquerait rien.

Son époux s'essuya les mains dans un torchon, le jeta sur la chaise et s'approcha d'elle. Il lui prit le visage entre ses grandes paluches, lui planta un baiser sur les lèvres et se dirigea vers la porte.

— À ce soir, chérie. Sois prudente, s'il te plaît. Il y a peu de chances que cela nous tombe dessus, mais reste vigilante quand même.

Elle ne répondit pas et attendit que la porte se referme derrière lui pour expirer un grand coup.

Elle avait été à deux doigts de tuer celui qui partageait sa vie. Et avait déjà échoué. La tête entre les mains, elle essaya de retrouver une contenance. Elle devait absolument se contrôler et rester concentrée sur ce qu'on l'obligeait à faire. Sinon, c'est elle qui mourrait. Elle devait saisir chaque occasion qui se présentait et ne plus jamais hésiter comme elle venait de le faire. Sa survie en dépendait.

Elle attrapa son portable et cliqua sur la nouvelle icône qui s'était installée durant la nuit.

Il s'agissait d'un GPS qui lui permettrait de suivre ses proies où qu'elles soient durant la journée. L'application disparaissait dès que le couvre-feu entrait en vigueur. Interdiction de tuer après 19 heures et avant 8 heures.

Tout Régulateur qui ne respecterait pas ces règles serait immédiatement exécuté par un drone militaire.

Sur l'écran, quatre petits points bleus se déplaçaient. Elle identifia sans mal Kyle qui venait de sortir, en route pour le composteur où il travaillait. Les autres points lumineux bougeaient dans différents lieux de la ville. Elle nota les déplacements et s'aperçut qu'un des Régulés était à proximité de chez elle.

Ce soir, elle regarderait à nouveau l'application pour confirmer cette proximité.

Elle venait de jeter son dévolu sur cette proie. Elle serait son premier meurtre. Quant à Kyle…

— On saisira une opportunité en temps et en heure, murmura-t-elle dans le silence de la cuisine… mais à la fin. Peut-être que d'ici là, un Régulateur m'aura eue et il aura la vie sauve… jusqu'à sa confrontation avec le prochain tueur, mais ce ne sera plus mon problème.

Elle s'installa à table et, alors que son cœur pulsait sous ses côtes quelques secondes auparavant, il manqua un battement.

Le couteau de cuisine avait disparu.

# Chapitre 10

Damian n'avait pas fermé l'œil de la nuit. Le regard fixé au plafond, il avait fallu l'annonce officielle du début de la Régulation pour qu'il prenne conscience du danger dans lequel il se trouvait. Quand la voix d'Évangeline avait résonné dans la ville, il n'avait pas bougé, cloué dans son lit. L'annonce à peine terminée, il avait sauté dans son fauteuil roulant, fait son sac et quitté la bibliothèque. Un panneau indiquant qu'il était souffrant devrait suffire à expliquer son absence aux fous qui auraient pu s'aventurer jusqu'ici en pleine Régulation.

Quant à lui, il ne pouvait pas rester ici la journée, seul dans ce bâtiment ; il devenait une proie trop facile à trouver pour le Régulateur qui avait vu son nom s'afficher sur son écran de téléphone.

Le point clignotant qui le représentait dans l'application le situait clairement devant la bibliothèque et il n'y avait personne aux alentours, aucune foule dans laquelle se fondre.

Un jeu d'enfant pour celui qui le traquait.

Il lança son fauteuil dans la rue et s'éloigna de ce guet-apens. Il avait réfléchi toute la nuit à une stratégie et en avait retiré deux solutions : soit il attaquait le premier, soit il attendait qu'on vienne le cueillir.

La seconde solution ne l'angoissait pas. Il était prêt. Et son handicap, pour une fois, lui serait utile. Qui se méfierait d'un gamin en fauteuil roulant ? Facile à abattre, aucune chance de s'enfuir en courant ou de riposter à coups de pied. Il était lent et visible comme le nez au milieu de la figure.

Damian sourit. *S'ils savaient…*

Mais cette solution pouvait prendre du temps ; et si son Régulateur était tué à son tour, il resterait coincé entre ces murs pendant des jours ! Il avait donc opté pour la première. L'attaque serait sa défense.

La rue était encore déserte, comme souvent. Il en profita pour jeter un œil sur l'application de localisation afin de repérer ses futures victimes. Les points clignotaient, loin de lui, éparpillés aux quatre coins de la Cité, et aucun ne venait dans sa direction. Il soupira de soulagement.

Le soleil de la veille avait laissé place à une bruine chaude qui le trempa en cinq minutes. Le ciel s'était obscurci et on entendait le vent mugir en haut du mur. Il ne faudrait pas longtemps avant que les bourrasques s'engouffrent dans l'enceinte en tourbillonnant jusqu'à eux. Au loin, les grondements du tonnerre retentissaient, ce qui n'augurait rien de bon. La foule, que la colère du ciel inquiétait, levait parfois la tête d'un seul mouvement, avant de vite revenir sur la grande avenue et au danger tapi autour d'elle.

Les roues du fauteuil de Damian dérapaient sur le bitume fissuré, mais il gardait le cap en direction du premier point GPS à sa portée. La première victime s'était fondue dans la foule de l'avenue centrale, celle qui coupait la ville en deux et qui menait à l'est, vers les bâtiments de travail. Là où il y avait un maximum de monde, ce qui la rendrait plus difficile à identifier. Il accéléra l'allure et rejoignit la rue bondée en quelques tours de roues. Alors qu'hier encore les habitants allaient et venaient sans se soucier de quoi que ce soit, l'atmosphère était aujourd'hui chargée de peur et d'une psychose quasi palpable. Les gens étaient rassemblés en groupes compacts, dont les rangs étaient rapidement grossis par les retardataires. Chacun s'observait à la dérobée, sursautait au moindre effleurement, s'éloignait quand l'un des membres du groupe lui paraissait suspect pour vite intégrer une autre troupe d'apparence moins dangereuse. La plupart avaient le visage dissimulé sous une capuche qui les protégeait à la fois du mauvais temps et des regards. Comme si le fait de disparaître sous un bout de tissu allait les soustraire aux yeux de ceux qui les traquaient…

Très vite, la paranoïa le gagna lui aussi. Le danger augmentait à rester là, à découvert. Il se faufila jusqu'au premier groupe qui passait et observa son portable à la dérobée. Personne ne devait le voir faire, car il serait immédiatement identifié comme un Régulateur : seuls ceux qui avaient été désignés avaient cette application et les autres se gardaient bien de sortir leur téléphone pour ne pas être confondus avec ces chasseurs d'hommes.

Sa cible se trouvait juste devant lui, au milieu d'une dizaine de personnes tout aussi angoissées les unes que les autres.

Il avait le choix entre trois femmes et deux hommes.

Damian profita d'un mouvement de foule autour de lui pour remonter jusqu'au groupe qu'il intégra aussi naturellement que possible sans paraître suspect. Personne ne faisait attention à lui. Il était insignifiant, cloué à son fauteuil. Il se rapprochait peu à peu de sa victime, sans se presser, quand, derrière lui, des cris résonnèrent.

L'avenue se figea et, d'un seul mouvement, tout le monde se retourna vers les éclats de voix. Un homme en poussait un autre :

— C'est toi, le Régulateur, c'est ça ?

Le second, affolé, reculait, mains levées devant lui pour parer un éventuel coup.

— Pas du tout, bredouilla-t-il. Je vous ai juste heurté par mégarde…

— C'est ça, ouais ! Fais voir tes poches, je suis sûr que tu es armé ! Allez, fais voir ça !

Il empoigna l'homme qui fit un pas en arrière avant de buter sur un troisième gars qui lui bloqua la route.

Il finit au sol et les deux types se jetèrent sur lui en hurlant.

Horrifiée, la foule se remit en mouvement, plus vite cette fois, pour s'éloigner de cet accès de fureur.

D'autres scènes similaires ne tarderaient pas à suivre. Chaque regard déplacé, chaque geste mal interprété mettait le feu aux poudres. La Régulation était pourtant claire : personne d'autre qu'un Régulé ne pouvait s'attaquer à un Régulateur. Ces gens le savaient. Tout comme ils savaient que cet homme qu'ils étaient en train de rouer de coups n'était pas un tueur. Ils extériorisaient leurs peurs, leurs frustrations et peu importait qu'un pauvre gars en fasse les frais.

Damian fit mine d'accélérer pour s'éloigner de la rixe et en profita pour se mêler au groupe de sa victime. Son écran, dissimulé sous la couverture qu'il avait posée en travers de ses genoux, lui indiqua précisément sa proie. Il leva les yeux sur elle et la jeune femme lui sourit sous sa capeline jaune.

— Cette histoire rend les gens fous, vous ne trouvez pas ?

Damian écarquilla les yeux. Pourquoi lui parlait-elle ? Il ne voulait rien savoir d'elle, ni même connaître le son de sa voix ! Elle n'était qu'un point GPS à éliminer et devait le rester. S'il commençait à lui parler, elle retrouverait un semblant d'humanité aux yeux du jeune homme et il serait tétanisé par la peur qui lui labourait le ventre depuis qu'il s'était réveillé ce matin.

Il déglutit et lui lança un regard noir qui étouffa toute poursuite de discussion. La jeune femme eut l'air peiné et détourna les yeux.

Damian sentit une vague de tristesse déferler sur lui. Elle n'avait rien demandé à personne, cette fille. Et il allait devoir la tuer. C'était injuste, mais c'était elle ou lui. Personne ne lui avait donné le choix à lui non plus.

Soudain, il eut un sursaut : et si cette nana n'était en fait que le Régulateur qui voulait sa peau et l'avait déjà identifié comme il venait de le faire avec elle ? Sa tentative de discussion n'était peut-être qu'une diversion pour endormir sa méfiance et l'attaquer facilement ? Il inspira profondément et fit glisser de sa manche une lame fine et effilée qu'il laissa à peine dépasser entre ses doigts. Il devait agir le premier. Vite et bien.

Il accéléra un peu de façon à se positionner sur le côté droit de la jeune femme, à un pas devant elle, puis, sans état d'âme, il tendit le bras pour sectionner l'artère fémorale.

Le coup fut net et brutal.

La femme s'effondra instantanément sous l'effet de la douleur et une flaque de sang commença à se répandre autour d'elle. La lame souillée reprit sa place sur les genoux du gamin, dissimulée sous la couverture détrempée par la pluie. Tout s'était passé en moins d'une seconde, sans que quiconque autour d'eux ne s'aperçoive de quelque chose.

En tombant, elle avait tenté de se retenir à un homme et avait imbibé son pantalon de sang. Les gens n'eurent soudain d'yeux que pour lui, coupable désigné du meurtre qui venait d'avoir lieu. Le type commença à chercher une échappatoire et profita du mouvement de stupeur qui avait envahi la rue pour détaler sans demander son reste.

Un cri fendit le silence qui s'était installé et la foule battit en retraite d'un bloc.

Damian se força à attendre avant d'être sûr de n'avoir pas été repéré, puis il se laissa entraîner par le troupeau affolé qui fuyait le drame dont il était responsable.

Lorsqu'il se retourna une dernière fois, il accrocha le regard de la jeune femme en train de mourir qui le fixait en pleurant. Ses larmes se mêlèrent à la pluie et au sang dans une rivière vermillon.

Il détourna la tête rapidement et se laissa emporter par le mouvement. Sur son téléphone, le point correspondant à sa victime venait de s'éteindre.

Il venait de tuer pour la première fois et attendit les remords.

Qui n'arrivèrent jamais.

# Chapitre 11

Après le petit-déjeuner, Bettany avait fourré dans un sac quelques affaires, mis ses rollers, et était arrivée à l'épicerie de Wilson cinq minutes plus tôt que d'habitude. Ce qui n'avait pas échappé au grand bonhomme :

— T'es malade, la môme ? Je ne t'ai jamais vue en avance, ça doit être grave.

La jeune fille secoua ses cheveux mouillés et sourit.

— La pétasse sur l'écran m'a tirée de mon sommeil un peu trop tôt à mon goût. Vu que j'étais réveillée, je suis venue direct. Mais si ça te dérange, je peux aller faire un tour au milieu de tous les excités sur l'avenue…

Wilson lâcha les boîtes de conserve qu'il empilait méticuleusement sur les rayons et la regarda, soudain anxieux.

— C'est déjà la foire d'empoigne ?

— Carrément. Un mec s'est fait rouer de coups sous mes yeux. Juste comme ça.

Elle claqua des doigts.

— J'ai pas demandé mon reste et j'ai filé par les petites rues.

Le visage de l'épicier se décomposa et il l'attrapa par les épaules en la secouant :

— Ça ne va pas, non ? On reste dans la foule lorsque l'on sort pendant la Régulation ! C'est la règle de survie numéro un ! Tu veux te faire buter ou quoi, gamine ?

Bettany se dégagea de la poigne du bonhomme et recula.

— Hé, on se calme. Quelle chance on a que ça nous tombe dessus ? Tu n'avais pas l'air bien inquiet quand je suis arrivée. Et tu sais très bien que je ne suis pas une petite fille sans défense.

— On ne sait rien de cette Régulation. Rien, tu m'entends ! Ni combien ils sont, ni combien sont visés. Et ce n'est pas parce que je ne le montre pas que je ne suis pas mort de trouille.

Il se décala des rayonnages et souleva un pan de son tee-shirt : un stylet affûté dépassait de la ceinture de son tablier, prêt à être saisi en cas d'agression.

— Quant à tes soi-disant aptitudes de guerrière, tu n'as jamais été en face d'un type déterminé à te tuer. Et crois-moi, tu ne veux pas que ça t'arrive.

La colère monta chez la jeune fille. Elle avait envie de lui hurler qu'elle n'était plus la gamine qu'il avait prise en pitié quand, à la mort de ses parents, elle s'était présentée à la boutique pour qu'il lui donne du travail et un toit.

Elle le connaissait depuis qu'elle était née, sa mère venait faire ses courses ici chaque jour après son travail à la ferme. Wilson l'avait vue grandir et s'était pris d'affection pour cette gamine aux grands yeux. Lui qui n'avait jamais eu d'enfant trouvait son bonheur dans les visites quotidiennes de la maman et de sa petite fille.

Mais il n'était pas son père. Il n'avait pas le droit de lui dire ce qu'elle devait faire ou non, de la materner comme si elle avait encore cinq ans. Elle savait mieux que quiconque ce qu'était la Régulation. Elle était en plein dedans. Quant à lui, bien planqué dans sa boutique, il ne ferait pas long feu si un Régulateur débarquait ici. Un coup de boîte de conserve sur le crâne et hop, au revoir Wilson ! Il n'aurait même pas le temps de sortir son arme de fortune, balourd comme il l'était.

Elle détestait qu'on la prenne pour une petite chose fragile et bouillait à l'intérieur. Alors plutôt que de se fâcher, elle inspira fortement et serra les poings avant de lui répondre d'une voix blanche.

— Wilson, je te remercie de te soucier de ma petite personne. Maintenant, si tu le veux bien, je vais aller m'enfermer dans mon local et me mettre au boulot. Mon premier client arrive dans dix minutes. Si tu le trouves suspect, n'hésite pas à le mettre dehors et à me faire une réduction sur le loyer le mois prochain, d'accord ?

Elle lui tourna le dos, mais la voix de l'épicier la figea sur place :

— Ma femme a été fauchée par la Régulation.

*Merde, manquait plus que ça…*

La jeune fille lui fit face et vit alors les larmes qui dégoulinaient sur ses joues dodues. Sa colère retomba instantanément. Elle s'approcha de lui et lui prit la main. Wilson pleurait à chaudes larmes comme un enfant, secoué de sanglots qu'il n'arrivait pas à contrôler.

Bettany ne savait plus quoi faire pour le calmer. Les effusions de sentiments la perturbaient, elle détestait ça. Pourtant, devant ce grand bonhomme en larmes, elle se sentit elle aussi remplie d'une tristesse inconsolable. Elle s'avança alors vers lui et, pour la première fois de sa vie, elle serra un autre être humain dans ses bras. Elle le laissa pleurer sur son épaule sans trop savoir quoi faire et lui tapota maladroitement le dos. Elle eut l'impression que cela durait une éternité, un moment embarrassant, mais pas aussi désagréable qu'elle l'avait redouté. Wilson se détendait dans ses bras, comme si cette étreinte l'avait apaisé. Pendant un instant fugace, la sensation d'être nécessaire s'immisça en elle et l'étonna. Elle raffermit la pression autour des épaules de l'épicier, puis appuya la tête contre sa joue en attendant que la crise passe.

Quand les larmes se tarirent, Wilson se redressa, renifla et tenta un sourire empoté qui remit un peu de baume au cœur à Bettany.

— Désolé, ça faisait longtemps que je n'avais pas craqué, mais chaque Régulation me retourne le bide.

— Raconte-moi.

Elle avait lâché cette phrase sans réfléchir. Avait-elle vraiment envie de connaître l'histoire d'une famille endeuillée par la Régulation, alors qu'elle s'apprêtait à faire subir la même chose à une autre ?

Mal à l'aise, elle s'assit sur le rebord du comptoir et l'encouragea malgré tout d'un regard.

Il s'essuya le visage dans le grand tablier qu'il portait chaque jour et inspira avant de commencer son récit :

— C'était il y a seize ans. On avait déjà connu des Régulations. Des petites dont on a à peine parlé, des plus importantes qui ont laissé des traces dans la Cité, tout dépendait du niveau de nos ressources à ce moment-là. La dernière a été particulièrement mouvementée. Un Régulateur avait été démasqué et tabassé à mort par la foule. Tous ceux qui avaient donné un coup de pied, même léger, se sont retrouvés Régulateurs à leur tour. Je ne te raconte pas le foin que ça a fait. Mais ça n'empêche pas les gens de continuer à se battre entre eux. Ils ont la mémoire courte et la trouille au ventre, ça fait faire des conneries à tout le monde. Je me souviens qu'Anna s'est levée ce matin-là avec un sourire éblouissant. Je lui ai demandé ce qui la mettait en joie comme ça et elle m'a simplement dit : « Nous avons échappé à la Régulation, sois heureux mon amour. » Effectivement, cela faisait plus de deux semaines que la Régulation avait commencé. Et généralement, à ce stade-là, il ne reste que des Régulateurs qui s'entretuent. Sauf que cette fois, le dernier Régulateur en avait décidé autrement. Il a attendu d'avoir le champ libre, que tous ses adversaires soient morts pour finir sa liste. Anna était la dernière. Elle est sortie pour aller au travail et n'est jamais rentrée. Il l'a cueillie dans une ruelle qu'elle avait l'habitude d'emprunter pour échapper à la foule hystérique de l'avenue. Comme toi ce matin.

Il la fixa, attendant une réaction de sa part. Au lieu de quoi, Bettany sauta sur ses jambes et le pointa du doigt.

— Attends une seconde… Comment tu sais qu'elle était la dernière ? Les Régulateurs restent anonymes ! Personne ne sait qui ils sont. C'est le règlement…

Wilson laissa échapper un petit bruit à mi-chemin entre un rire étranglé et un cri de douleur.

— Le Régulateur était son frère. Il s'est pendu deux jours plus tard et m'a laissé un mot où il m'expliquait tout.

— Oh bordel…

— Comme tu dis. C'est assez rare que les Régulateurs aient un lien avec les Régulés. Mais ça arrive. Et on en a fait les frais. Voilà pourquoi je ne veux pas te savoir en danger dans une ruelle où n'importe qui peut te tomber dessus sans que tu ne t'y attendes. Personne n'est à l'abri, tu m'entends ? Personne.

Bettany hocha la tête. Sans le savoir, Wilson venait de lui donner une idée. Peut-être qu'elle aussi pourrait faire comme ce Régulateur. Attendre le dernier moment pour tuer des innocents. Laisser venir à elle celui qui voulait la tuer pour avoir le champ libre. Mais en voyant la douleur dans les yeux de son patron, elle faillit fondre en larmes à son tour. Dans quel bourbier les DIX l'avaient-ils fourrée ?

Elle rejoignit son réduit où elle s'enferma à double tour.

Dos au mur, elle porta une main à son front et se massa l'arête du nez. La jeune femme ne se sentait pas bien. La détresse de Wilson lui avait retourné l'estomac et toute la détermination qu'elle avait ressentie en se levant ce matin l'avait désertée. Comment tuer décemment des gens et continuer à vivre comme si de rien n'était ? Combien de Régulateurs avait-elle déjà croisés dans sa vie sans le savoir ? Et elle, pourrait-elle encore se regarder dans la glace après tout ça, ou se passerait-elle aussi une corde autour du cou quand tout serait fini ?

Elle se secoua et commença à mettre en place son atelier, son client n'allait plus tarder, maintenant. S'il venait. Peut-être faisait-il partie de ces gens qui se terraient dans la ville, fondus dans la masse pour qu'on ne les trouve pas, ou enfermés à double tour chez eux à prier pour que la porte tienne bon.

Venir ici, c'était s'exposer. Sortir du troupeau, c'était devenir une cible.

Les coups donnés contre la porte la soulagèrent. Les habitants n'étaient pas tous devenus cinglés ! Elle ouvrit et sourit à l'homme dans l'embrasure. Il était petit, maigrelet et ses yeux enfoncés sous deux énormes sourcils broussailleux n'arrivaient pas à se fixer quelque part. Il transpirait la peur.

Le sourire de Bettany disparut et elle le fit entrer d'un geste.

— J'ai un peu de retard, lui dit-elle. Installez-vous pendant que je prépare le matériel.

Il accrocha sa veste dégoulinante de pluie derrière la porte et la jeune fille lui désigna un fauteuil en cuir élimé qu'elle avait assemblé elle-même. Elle était fière de son siège aux accoudoirs réglables et de sa têtière, avec son coussin moelleux qu'elle avait cousu de ses petites mains. Une futilité qui lui fit du bien à cet instant. Elle avait besoin de penser à autre chose qu'aux meurtres, au sang et au chagrin.

Le type ne prononça pas un mot et s'assit, droit comme un I, sur le fauteuil qui couina.

Bettany grogna. La séance s'annonçait lourde et silencieuse. Elle attrapa un formulaire sanitaire qui traînait, un stylo, et les lui tendit :

— Tenez, remplissez ça, ça vous occupera pendant que je finis de mon côté.

— J'ai failli ne pas venir, vous savez. C'est dangereux, dehors.

Il avait toujours ce regard fou, les yeux qui papillonnaient de droite à gauche sans jamais se fixer nulle part. Il la regarda moins d'une seconde avant de reprendre son manège.

— Chez moi aussi, c'est dangereux. Il fallait que je bouge, pour ne pas qu'il me trouve…

Bettany tenta un sourire.

— J'espère que vous n'allez pas bouger pendant que je travaille, sinon le résultat risque de ne pas vous plaire !

Elle essayait de détendre l'atmosphère, sans résultat. L'homme prit la feuille qu'elle lui tendait et se concentra sur les informations demandées.

— C'est juste au cas où, vous savez. Je ne veux pas d'ennuis avec les DIX, donc je fais ce qu'on me dit de faire. Faut pas le prendre mal, ce que je vous demande sur cette feuille...

La jeune femme n'arrivait plus à s'arrêter de parler. Le silence lui vrillait les tympans, lui mettait les nerfs à fleur de peau.

Aussi, quand le type éclata de rire, elle sentit tous ses nerfs se rétracter et son cœur tambouriner. Elle se retourna et se trouva nez à nez avec lui.

— Vous ne voulez pas d'ennuis avec les DIX ?

Sa voix était aussi fluette que lui, mais sourdait d'une colère qu'il peinait à contenir. Bettany se reprit et le toisa.

— En effet, je ne veux pas de problème avec eux. Vous non plus, je suppose ?

— Comme s'ils en avaient quelque chose à foutre de nous...

— Je vous demande pardon ?

Il avait parlé si bas que la jeune femme n'avait pas vraiment compris. Il répéta plus fort :

— Ils n'en ont rien à foutre de nous. Et les DIX, c'est bien le dernier de mes soucis en ce moment. On va mourir de toute façon, alors votre papier, je vais le remplir pour vous faire plaisir... Et si vous voulez savoir, non, je ne suis pas un Régulateur. Comme ça, les choses sont claires. Je suis ici parce que j'honore toujours mes rendez-vous. C'est un TOC chez moi. Si je faillis, ça me rend dingue. Et il fallait que je bouge, le mouvement est vital aujourd'hui. Bref, vous aussi, vous vous en foutez. Tenez, c'est rempli. Faites votre job et qu'on n'en parle plus.

Bettany était médusée. Le discours de ce type était incohérent et il lui faisait peur.

La facilité avec laquelle il avait annoncé qu'il n'était pas un Régulateur l'avait perturbée. Et si c'était un piège pour la mettre en confiance et la poignarder dès qu'elle aurait le dos tourné ?

Elle prit la feuille et jeta un rapide coup d'œil dessus avant de la lancer sur sa table de travail.

Elle remplissait ses petits flacons d'encre quand elle se figea sur sa chaise, face à son client. Elle fit mine de retourner à sa table et relut le nom qu'il avait griffonné d'une main tremblante. Franck Roth.

Elle attrapa discrètement son téléphone et vérifia l'application GPS : le point de sa proie clignotait juste à côté du sien. Elle faillit éclater de rire. Son premier Régulé était là, devant elle, venu se jeter de son plein gré dans la gueule du loup, alors même qu'il se pensait en sécurité. À croire que les DIX l'avaient fait exprès. Qu'ils savaient qu'il serait là, à portée de main pour la jeune femme, alors même qu'il cherchait à fuir la mort par tous les moyens. Il lui avait annoncé qu'il n'était pas un Régulateur. Il n'avait pas menti.

Puis la panique l'envahit : elle allait devoir tuer un homme de sang-froid. Un homme qui tenait d'étranges discours et qui savait qu'il était en danger. Un homme qui a peur est un homme redoutable.

Ses mains se mirent à trembler.

Elle inspira profondément. *Calme-toi, ma grande. Faut y aller, t'as pas le choix, l'occasion ne se représentera peut-être plus jamais. Et maintenant, il connaît ton visage. S'il te revoit ailleurs, il va se méfier et c'est toi qui vas y passer.*

Bon sang, elle n'avait pas prévu d'assassiner quelqu'un ici, aucune arme n'était cachée dans le réduit ! Elle fit un inventaire mental de ce qu'elle avait sous la main quand elle avisa le fil qui pendait à sa rotative. Un petit tour autour du cou maigrichon du bonhomme et hop ! terminé.

Restait à le lui faire passer derrière la tête, le type ayant décidé de s'allonger comme pour faire la sieste, bien calé contre la têtière, comme si son accès de fureur l'avait épuisé.

Bettany décida de commencer le travail et d'aviser en cours de route. Elle s'approcha de son client qui avait déjà relevé la manche de sa chemise et entreprit de désinfecter la partie à encrer. Il grimaça :

— C'est froid, votre truc.

— Désolée, bredouilla-t-elle.

L'antipathie que l'homme lui inspirait était une aubaine : elle aurait moins de remords à le supprimer. Du moins, elle l'espérait. Elle n'avait aucune idée de ce qu'elle ressentirait le moment venu. Elle verrait bien.

Une fois les préparatifs effectués, Bettany attrapa le fil de la machine et lui souleva gentiment la tête.

— Excusez-moi, faut que je fasse passer le fil…

Il n'ouvrit même pas les yeux quand elle enroula le câble autour de son cou et commença à serrer.

Soudain, il se redressa, yeux écarquillés et s'agrippa aux poignets de Bettany. La jeune femme paniqua et serra de toutes ses forces.

Elle l'entendit enfin suffoquer, mais dans un sursaut, il redoubla de violence, se leva du fauteuil et l'entraîna avec elle contre le mur, les mains toujours accrochées à ses poignets.

Dans l'affolement, elle lui lança un coup de genou dans les parties. Il s'effondra alors le long du mur. Elle tira encore plus fort sur le câble qui commençait à marquer la peau blanchâtre de l'homme. Ses suffocations devinrent rauques, ses lèvres bleuirent.

Mais il ne mourait toujours pas.

Bettany sentait la force de ses bras la quitter, elle allait lâcher d'une seconde à l'autre et lui laisser le champ libre pour l'attaquer ou s'enfuir en courant s'il en était encore capable. Elle se ressaisit et souleva le corps de toutes ses forces en ahanant. Les pieds de sa victime balayaient le sol à la recherche d'un appui qu'ils ne trouvèrent pas, glissant dans l'encre répandue par terre.

Bientôt, le fardeau se fit encore plus pesant au bout de ses mains, jusqu'à n'être plus qu'un poids mort. Elle le laissa tomber et desserra son emprise. Elle s'adossa à sa table de travail et tenta d'apaiser les battements de son cœur. Elle haletait comme si elle avait couru un cent mètres et n'arrivait pas à retrouver son souffle. Ses mains tremblaient – de peur ou sous le coup de l'effort, elle ne savait pas très bien.

Elle alla jeter un œil à l'homme au sol, inerte. Était-il mort ou juste inconscient ? La jeune femme tendit une main vers la carotide quand il ouvrit les yeux et lui jeta son poing au visage. Ses dents s'entrechoquèrent et le goût du sang envahit sa bouche, mais elle réussit à conserver son équilibre. Le type toussa en essayant de se remettre debout, vacilla et réussit enfin à se redresser.

Elle devait finir ce qu'elle avait commencé avant de perdre le contrôle de la situation. D'une main, elle tira alors un grand coup sur le fil toujours enroulé autour du coup du bonhomme et l'attira à elle. Surpris, il n'opposa aucune résistance et atterrit dans les bras de la jeune femme. Le choc les fit basculer et ils se retrouvèrent par terre, accrochés l'un à l'autre. Sous sa main libre, Bettany sentit la rotative tombée au sol. Elle l'attrapa, la mit en route et visa l'œil.

Un son guttural sortit de la bouche de sa victime, à peine plus fort qu'un gloussement : sa trachée avait dû être broyée par le fil de la machine. Du sang gicla de partout, mais Bettany ne lâcha pas prise. Elle continua à enfoncer la machine dans l'œil du type, le serrant avec son autre bras pour qu'il cesse de se débattre. L'homme était affaibli par la précédente bataille. Il s'effondra au ralenti et tomba lentement, la bouche ouverte sur un cri silencieux, et son œil rescapé fixé sur la jeune femme.

Elle le laissa s'effondrer au sol. Cette fois, elle n'eut aucun doute, il était bel et bien mort, la machine enfoncée dans son crâne jusqu'à la garde lui avait forcément broyé le cerveau.

Elle recula de quelques pas et regarda le chaos que la lutte avait causé dans son atelier : du sang s'était mélangé à l'encre noire qui s'était renversée, éclaboussant les murs, le fauteuil et la table de travail.

L'adrénaline la quitta d'un coup. Elle s'assit sur le bord du fauteuil, encore chaud du corps de l'homme qui s'y était allongé quelques minutes avant et se prit la tête entre les mains.

Maintenant qu'elle l'avait tué, comment allait-elle se débarrasser du corps ? Elle ne pouvait sortir que par l'épicerie et elle ne se voyait pas traverser le magasin avec son macchabée sous le bras. Wilson ne partait jamais avant le couvre-feu, il habitait juste au-dessus de sa boutique. Le découper et le mettre dans des sacs-poubelle ? Elle eut un haut-le-cœur qu'elle réprima avec difficulté.

On toqua soudain à la porte qui s'ouvrit en même temps. Wilson, tout sourire, entra.

— Bettany, je voulais te présenter ton rendez-vous de cet après...

Sa phrase mourut dans un souffle. Derrière lui, une frêle silhouette tentait de voir ce qu'il se passait dans la pièce, mais Wilson lui barra le chemin.

— Retourne à la caisse, Coraly. Je te rejoins dans une minute, Bettany n'est pas disponible.

Il attendit que les pas s'éloignent, referma doucement la porte derrière lui, puis regarda enfin Bettany.

La jeune femme se mit à bredouiller.

— Je suis... pardon... je...

Il baissa les yeux sur le cadavre, puis reporta son attention vers Bettany, et d'un ton amer et froid, déclara :

— Tu es une Régulatrice.

Son regard implacable fut la dernière chose que vit la tatoueuse avant de s'effondrer, inconsciente.

# Chapitre 12

— Lauren !

— Oui, Maman, j'arrive… Laisse-moi une seconde.

Lauren était épuisée. Elle n'avait pas dormi de la nuit, le message la désignant Régulateur n'avait cessé de tourner dans sa tête. Elle ne comptait plus les fois où elle s'était réveillée en sursaut, le dos trempé de sueur, persuadée que quelqu'un avait enfreint les règles et venait pour la tuer.

Elle s'était levée aux aurores, quand sa mère avait commencé à crier depuis sa chambre, comme chaque matin. Une routine qui lui avait fait du bien, malgré les circonstances. Elle avait décidé de se faire porter pâle au travail pour les jours à venir, comme beaucoup d'autres le feraient : la Régulation voyait fleurir les gens malades, barricadés dans leur appartement en espérant échapper à l'inéluctable. Devenir un point fixe n'était pas la meilleure option, elle le savait, mais mourir seule, loin de sa mère, n'était pas non plus envisageable pour elle.

Lauren n'avait pas peur pour elle, sa vie était si vide qu'elle avait songé plusieurs fois à sauter par la fenêtre du dernier étage de l'hôpital où elle travaillait. Sans jamais en avoir eu le courage.

Elle s'inquiétait surtout pour sa mère. Combien de temps mettraient-ils à la trouver après son assassinat ? Quelques heures ? Quelques jours ? Qui s'occuperait d'elle si Lauren n'était plus là ? Qui répondrait à ses cris en plein milieu de la nuit, quand elle ne savait plus qui ni où elle était ? Elle finirait dans ce mouroir où l'on gardait les gens entassés dans la même pièce, allongés sur des lits aux draps sales qu'on ne changeait qu'une fois par semaine, et encore, quand les infirmiers y pensaient.

L'hôpital n'était qu'un hangar aux vitres si fines qu'elles vibraient au moindre courant d'air. Un entrepôt au sol en béton taché des fluides corporels que les employés ne prenaient même plus la peine de nettoyer. Un purgatoire puant pour ceux qui n'avaient personne.

Dans la Cité, on mourait chez soi, la plupart du temps. À charge pour la famille de s'occuper de la dépouille et de l'amener jusqu'au compost. Et quand on n'avait pas la chance d'être accompagné, on finissait dans cet endroit nauséabond en attendant de passer l'arme à gauche. Elle le savait, elle y travaillait chaque jour de la semaine. C'est pour cette raison qu'elle n'avait pas voulu que sa mère y finisse ses jours. Dans la crasse, dans le bruit. Dans l'indifférence.

La médecine n'avait pas évolué depuis bien longtemps. Par choix. Les DIX avaient décidé de laisser la nature faire les choses et, selon eux, cela permettait de ne pas avoir recours à la Régulation. Dans la mesure du possible, la nature n'étant parfois pas assez rapide à leurs yeux.

Mais Lauren avait une autre hypothèse : les DIX n'en avaient tout simplement rien à faire d'eux. Qu'ils meurent comme des chiens, les DIX s'en foutaient royalement. Ils avaient sûrement leur propre médecin, bien caché là-haut dans leur tour d'ivoire. Sinon, comment expliquer qu'ils ne vieillissaient pas aussi vite que le peuple d'en bas ? Leurs conditions de vie les protégeaient de toutes les maladies. Leur peau restait éclatante malgré les années. Tout au plus avaient-ils quelques rides supplémentaires, ce qui était tout à fait anecdotique comparé aux visages émaciés, au teint plombé et aux joues creuses des habitants de l'enclave, victimes de maladies qui finissaient par les terrasser.

Derrière la vitre de la cuisine, le ciel pleurait tout doucement, comme s'il avait senti sa tristesse.

Lauren hocha la tête, essuya le dernier verre et le posa avec mille précautions sur un coin de l'évier. Puis elle attrapa un bol, y versa un peu de lait – une denrée chère pour ses maigres revenus, mais dont sa mère raffolait – le rallongea avec un peu d'eau et déposa le tout sur un petit plateau avec un biscuit plus sec qu'un morceau de bois. Sa mère tremperait le gâteau dans le lait et, comme chaque jour, en renverserait la moitié sur sa chemise de nuit, que Lauren devrait changer et laver dans la foulée. Mais aujourd'hui, Lauren ne râlerait pas. Elle ne dirait rien quand sa mère ne lèverait pas les bras pour enlever sa chemise, elle ne grognerait pas quand la vieille femme l'appellerait pour la dixième fois en moins de cinq minutes. Non. Elle ne dirait rien, car elle ne savait pas si elle serait encore là demain pour refaire les mêmes gestes, entendre la voix de sa mère ou l'embrasser sur son front ridé avant d'aller dormir.

Alors elle apporta le plateau dans la chambre, le posa sur les genoux paralysés de la vieille femme et regarda avec tendresse le lait dégouliner sur le menton fripé, les miettes pleuvoir sur la couverture. Le repas fini, elle la changea, lui installa un oreiller dans le dos, enleva le plateau et retourna à la cuisine. Sa mère allait se rendormir, comme chaque matin, avant de hurler à nouveau son nom à tue-tête.

Elle refit la vaisselle, rangea la pièce du mieux qu'elle put et s'enferma dans sa chambre tandis que la voix d'Évangéline retentissait dans toute la ville. Les choses sérieuses allaient commencer.

Lauren s'accorda cinq petites minutes, allongée sur son lit, yeux fermés. Elle entendait au-dehors les pas de ses voisins qui quittaient précipitamment leur appartement pour rejoindre l'avenue où ils espéraient passer inaperçus. Peine perdue, les proies seraient chassées jusqu'à la dernière.

La jeune femme avait décidé de gagner du temps. Sa mère ne s'en plaindrait pas. Elle n'était pas restée dans son appartement sur un coup de tête, non. Lauren avait un plan.

Lorsque son père était encore vivant, il avait truffé l'appartement de pièges « anti-Régulateurs » comme il aimait les appeler. Obsédé par l'idée que quelqu'un puisse s'en prendre à sa famille, il avait passé des années à mettre en place des guets-apens : ralentir l'ennemi par tous les moyens pour avoir le temps de se préparer à riposter. Il avait retranscrit tous les schémas des embuscades dans un petit calepin caché sous le matelas. Lauren l'avait trouvé à sa mort et l'avait appris par cœur, espérant qu'elle n'aurait jamais à s'en servir.

Sur les pages noircies d'encre, il avait aussi esquissé des systèmes de défense utilisant armes blanches, techniques de combat ou ustensiles de cuisine.

Une vraie mine d'or pour la jeune femme qui avait depuis travaillé chaque mouvement, chaque position, disposé stratégiquement dans l'appartement des couteaux qu'elle pourrait attraper sans difficulté, laissé traîner des verres qui, une fois brisés, s'avéreraient des armes mortelles.

Alors que la voix d'Évangéline retentissait toujours autour d'elle, elle attrapa un sac de sport dans lequel elle fourra quelques affaires, puis actionna un interrupteur dissimulé derrière la tête de son lit. Un déclic se fit entendre au niveau de la fenêtre de la chambre. Satisfaite, elle ferma la porte derrière elle et un nouveau clic l'informa qu'un second piège venait d'être enclenché.

Dans la cuisine, elle attrapa de quoi manger pour les prochains jours. De l'eau en grande quantité était déjà stockée sous le lit de sa mère qui ne se doutait de rien. Dans son monde, la Régulation n'existait pas.

Elle vérifia que les lames cachées étaient toujours à leur place et appuya sur un petit bouton noir en quittant la pièce. Une série de petits bruits retentit derrière elle. Malgré les notes de son père, elle craignait en permanence de déclencher par mégarde un mécanisme qu'il aurait oublié de consigner. Sans compter qu'il était bien spécifié que certains des pièges ne fonctionnaient qu'une seule fois. Elle n'avait donc pas pu les tester ni savoir s'ils étaient mortels ou non. La vieille femme dormait profondément. Lauren installa ses provisions au pied du lit et vint s'allonger à côté de sa mère. Ce lit serait son unique lieu de vie durant les prochaines heures.

— Pourvu qu'il ne tarde pas à venir, murmura-t-elle en prenant sa mère dans les bras.

Lorsqu'elle rouvrit les yeux, elle s'aperçut que l'ombre avait envahi la chambre. Elle se redressa en sursaut.

— Bon sang, quelle heure est-il ?

— Un peu plus de 13 heures, ma chérie. Tu as bien dormi ? Je crois que nous avons reçu une alerte météo. Pas besoin d'un message pour ça, il suffit d'écouter, dehors le vent fait un raffut de tous les diables !

Lauren regarda sa mère, affolée. Pas de cris, pas d'hallucination. Bien au contraire, la vieille femme la fixait avec un regard d'une lucidité qu'elle ne lui avait pas vue depuis des années.

— Maman, tout va bien ?

Sa mère lui sourit tendrement :

— Bien sûr ! Tu dormais tellement bien que je n'ai pas osé te réveiller. Ça faisait si longtemps que tu n'avais pas dormi avec moi…

Lauren était effarée. Se pouvait-il que cette sieste à ses côtés l'ait ramenée à la réalité au plus mauvais moment de leur vie ? Elle se lova contre elle et la serra contre son cœur.

Sa mère laissa échapper un gémissement.

— Oh pardon, maman, je t'ai fait mal ?

— Aucune importance. Viens là, j'ai l'impression que tu as eu une mauvaise journée.

— Tu n'as pas idée, murmura-t-elle en se lovant entre les bras de cette femme qui était devenue une étrangère depuis tant d'années et qu'elle retrouvait miraculeusement aujourd'hui.

Une main tendre lui caressa la tête pour ensuite descendre le long de sa joue. Les doigts recroquevillés par l'arthrite rencontrèrent une larme et l'essuyèrent doucement. Puis sa main descendit lentement pour se placer sur le sternum de sa fille, là où elle pouvait sentir les battements de son cœur, comme elle le faisait quand Lauren n'était encore qu'un bébé. Ce simple geste apaisa la jeune femme et son cœur reprit un rythme lent et régulier contre la paume chaude de sa mère.

Sans un mot, les deux femmes profitèrent de l'instant, l'une serrant sa fille contre elle, l'autre respirant l'odeur de cette mère qu'elle aimait plus que tout.

Soudain, Lauren se tendit entre les bras malingres, tous les sens en alerte. Il y avait quelqu'un dans le couloir, juste devant leur porte. Elle se redressa dans le lit et se tourna vers sa mère.

— Maman, il va falloir que tu restes ici, sans un bruit, d'accord ?

— Il y a un souci ? demanda-t-elle en fronçant les sourcils.

Lauren soupira.

— Tout va bien. Il faut juste que l'on reste silencieuses.

Elle lui caressa l'épaule en souriant.

— Tu crois que tu peux rester dans le lit sans rien dire, quoi qu'il arrive ?

— Évidemment ! Pour qui me prends-tu ? Une vieille folle hystérique ?

Lauren hocha la tête, tristement.

— Non, maman. C'est juste que la situation est... compliquée.

Sa mère la regarda fixement avant de lâcher :

— C'est la Régulation, c'est ça ? Il vient me tuer.

La jeune femme tiqua, puis décida d'être honnête avec elle.

— Je ne crois pas que tu sois la cible, maman...

La vieille femme se redressa brusquement dans le lit.

— Alors, il devra me passer sur le corps.

Si la situation n'avait pas été si dramatique, Lauren en aurait ri. Mais elle n'eut pas le temps de répondre. La porte d'entrée venait de s'ouvrir. La jeune femme se leva et colla son oreille au battant de la porte de la chambre. Elle entendait distinctement des pas dans le hall. Des pas hésitants. L'homme – si c'en était un – ne savait pas où se diriger. Il devait observer, analyser. Pour mieux les traquer. Elle recula dans la pièce, passa la main sous le matelas et en sortit un couteau de boucherie, finement aiguisé. Un doigt sur les lèvres, elle intima le silence à sa mère et s'appuya contre le mur, dans l'angle opposé à l'ouverture de la porte.

Elle était prête.

De l'autre côté du battant, Jack Sullivan tentait de se faire discret. La porte d'entrée lui avait donné du fil à retordre et ses mains, maculées du sang de sa précédente victime, glissaient sur la poignée. En moins de cinq heures, il avait éliminé trois noms de sa liste. De plus, vu qu'il n'avait rencontré aucun obstacle en liquidant ces gens et qu'il n'avait hérité d'aucun nom supplémentaire, il en avait déduit que le Régulateur, son ultime cible, se terrait ici. Le point lumineux de son application GPS n'avait pas bougé depuis l'annonce des DIX. Ça sentait le piège à plein nez.

Il referma la porte derrière lui et observa le petit hall dans lequel il était entré – trop facilement aussi, pensa-t-il – et distingua quatre portes, toutes fermées : deux à sa droite, une à sa gauche et une en face de lui.

Aucun bruit ne lui parvenait, ce qui confirma sa première impression : c'était un traquenard. Il était impossible de trafiquer sa localisation GPS pour se terrer ailleurs. Les DIX y veillaient depuis le haut du mur.

Il ne restait plus qu'une possibilité : le Régulateur l'avait attiré ici et chaque porte close devant lui recelait un danger potentiellement mortel. Jack allait devoir redoubler de prudence.

Il s'assit en plein milieu du hall et inspira fortement avant de fermer les yeux. Si danger il y avait, il n'était pas immédiat : rien ne bougeait autour de lui.

Sa grand-mère, outre les histoires sur le temps d'avant l'Effondrement, lui avait appris bien d'autres choses en prévision de cet instant. Pour beaucoup, la Régulation n'était qu'une sale histoire qui n'arrivait qu'aux autres. Un truc qui tombait sur les plus malchanceux. Mais pour l'aïeule, il fallait être prêt à toutes les éventualités. Elle lui avait ainsi enseigné à manier les lames, écouter son environnement et ne pas se laisser surprendre. Alors il se concentra sur chaque bruit de l'appartement, de la goutte d'eau dans l'évier à une éventuelle respiration. Il se focalisa sur chaque pièce l'une après l'autre, la tête penchée sur le côté, dans l'immobilité la plus complète.

Un bourdonnement régulier l'intrigua dans le couloir. Le son provenait de sa gauche, lancinant, répétitif, à peine audible pour le commun des mortels. Il se leva et s'approcha du mur d'où provenait le bruit et identifia rapidement le coupable : un petit bouton discret, dissimulé le long de la plinthe.

*Voilà où tu te caches, saleté de piège*, pensa-t-il. Le même grésillement électrique lui parvint des autres pièces. Il appuya sur le bouton en se tenant à distance pour se protéger d'un déclenchement intempestif et entendit des cliquetis retentir autour de lui. Il venait de désactiver la première partie du système.

Jack sourit : c'était un travail d'amateur, mais qui aurait pu lui faire mal s'il avait foncé tête baissée. L'appartement devait être truffé de ces traquenards et il n'allait pas prendre le risque de pénétrer plus avant.

Mais son adversaire avait oublié une chose : dans la Cité, les coupures d'électricité étaient courantes et pouvaient durer jusqu'à une demi-heure les mauvais jours. Il actionna en silence l'interrupteur de l'entrée et regarda en souriant l'ampoule incandescente qui pendait du plafond. Il n'avait plus qu'à retourner s'asseoir là où il se savait en sécurité, loin des pièges, et attendre patiemment que l'électricité saute ou que sa proie se découvre.

Dans la chambre, Lauren, toujours appuyée contre le mur, tous ses sens aux aguets, était aussi immobile que possible. Lorsqu'elle entendit le bruit caractéristique des pièges qui se désactivaient, elle sentit son cœur se serrer. Elle n'avait pas affaire à un novice. En moins de cinq minutes, il avait déjà mis à mal sa sécurité. Elle tendit l'oreille et tenta de savoir ce que l'intrus pouvait bien fabriquer, maintenant qu'il avait déjoué ses premières embuscades. Il ne mettrait certainement pas longtemps à repérer les autres et il ne lui resterait plus que son couteau et son agilité pour le prendre de court.

Elle fronça les sourcils lorsqu'elle entendit le déclic des pièges qui se remettaient en route. Pourquoi faisait-il ça ? Cela n'avait aucun sens !

Ses cheveux poisseux de sueur lui tombaient devant les yeux, elle les repoussa d'une main, l'autre fermement cramponnée au manche de son couteau. La lame ne tremblait pas, Lauren était concentrée au maximum.

Son cœur battait à tout rompre, ses nerfs étaient tendus à l'extrême, mais elle conservait le sang-froid nécessaire à leur survie à toutes les deux. Dans le lit derrière elle, sa mère dormait paisiblement, comme si elle avait compris l'urgence de la situation.

L'oreille collée à la cloison, la jeune femme s'efforçait d'imaginer ce que pouvait bien faire son bourreau. Elle n'entendait plus rien depuis plusieurs minutes, comme s'il n'était plus là. Bien sûr, elle n'était pas dupe et n'allait pas se risquer à sortir pour vérifier. *Il n'a qu'à venir, qu'on en finisse une bonne fois pour toutes !*

Elle refoula la colère qui l'envahissait, inspira un grand coup et tenta de se reconcentrer sur son objectif : être la première à porter le coup fatal.

Les minutes s'égrenaient lentement, à peine ponctuées par la respiration lente de sa mère qui dormait toujours.

De l'autre côté du mur, un silence de mort. Debout depuis ce qui lui semblait des heures, Lauren commençait à fatiguer. Des fourmis lui montaient le long des mollets et elle sentait ses doigts s'engourdir à force de serrer le manche du couteau qui commençait à peser une tonne dans sa main.

Pour la dixième fois, elle remit une mèche de cheveux bruns derrière son oreille et essuya la sueur qui lui gouttait sur le front. Il faisait une chaleur à crever dans cette chambre.

Finalement, tous ces pièges que son père avait manigancés n'avaient servi à rien, sinon à retarder l'inévitable. Elle était maintenant prisonnière de ces quatre murs, incapable de s'échapper, à la merci du tueur qui attendait derrière la porte.

Alors qu'elle se demandait combien de temps allait encore durer ce siège, sa mère se réveilla et d'une voix forte et distincte lui dit :

— Ne reste pas derrière cette porte, ma chérie. Viens donc te mettre au lit avec moi.

En une phrase, la vieille femme venait de révéler sa position et de les condamner à mort toutes les deux.

Jack faillit éclater de rire en entendant la voix retentir dans la pièce la plus éloignée. Un nouveau piège ? Son instinct lui affirmait que ce n'était pas le cas. Et comme la chance semblait définitivement être de son côté, la lumière au-dessus de sa tête s'éteignit une minute plus tard.

Il n'avait aucune idée du temps que durerait cette coupure, aussi se précipita-t-il vers la pièce d'où lui était parvenue la voix. Il n'avait que faire de la discrétion, sa proie savait depuis longtemps qu'il était là. Accroupi devant la porte, il entendit des bruissements de l'autre côté du battant et une seconde voix, à peine murmurée, qui tentait de faire taire la première. C'était maintenant ou jamais.

Il entra précipitamment et ouvrit la porte de toutes ses forces, percutant Lauren qui s'écroula au sol, sonnée par le le choc.

La lame entra sous l'omoplate de la jeune femme et la pointe ressortit au-dessus de son sein gauche. C'est à peine si elle sentit la douleur avant de s'effondrer, sans même avoir vu son assassin.

Une seconde plus tôt, elle tentait de faire taire sa mère. Des années de préparation anéanties par une seconde d'inattention fatale. Maintenant, elle mourait en ne voyant que le visage sans expression de celle qui l'avait mise au monde.

Deux grands yeux vides, inconscients de ce qui venait de se jouer, la regardaient tomber au ralenti. Lauren chercha à se rattraper au couvre-lit, glissa encore un peu puis se retourna face à son tueur.

Elle le trouva beau. Il n'avait pas le visage déformé par la haine, comme elle s'y attendait, elle y lut même une sorte de résignation. Ses yeux, d'un vert émeraude, étaient empreints d'une douceur dont elle lui sut gré à cet instant.

Elle tendit la main vers lui et dans un dernier souffle, murmura :

— Tuez-la aussi. S'il vous plaît.

Puis elle cessa de respirer.

Jack la déposa au sol, tendrement, une main sous sa tête pour l'accompagner en douceur et lui ferma les yeux.

Il se tourna ensuite vers la vieille femme qui lui souriait.

— Bonjour ! lui dit-elle. Vous êtes un ami de Lauren ? Je n'ai pas vu ma fille, vous savez où elle est ? J'ai besoin d'un verre d'eau.

Les yeux pleins de larmes, Jack lui rendit son sourire. Au même moment, son portable vibra au fond de sa poche.

Des nouveaux noms venaient d'être ajoutés à sa liste.

# Chapitre 13

La porte claqua dans le dos de Kyle et il soupira de soulagement. Il avait eu peur qu'Abigail ne lise ses intentions sur son visage. Un Régulateur a pour règle première de rester anonyme, quoi qu'il arrive. Personne ne doit savoir qui il est. Et Kyle était un piètre dissimulateur, chaque mensonge s'inscrivait au fond de ses yeux et semblait clignoter pour avertir le reste du monde.

Il tapota la poche de sa veste où se cachait le long couteau de boucher qu'il avait subtilisé sur la table de la cuisine familiale avant de partir. Il ne comptait pas s'en servir pour mener à bien sa mission. Il avait un plan. La lame ne lui servirait qu'à se défendre en cas d'attaque impromptue.

Il s'engagea sur le long boulevard où s'entassaient des centaines de gens, tous morts de trouille et aux aguets. Il les voyait tourner la tête en tous sens, se rapprocher les uns des autres pour s'esquiver au bout de deux minutes. La tension était palpable, presque visible au sein de la foule tendue comme un arc. Dans le ciel orageux, la danse macabre des drones était presque hypnotique.

Il s'inséra dans la masse et tenta de faire comme tout le monde : regard anxieux, changement de groupe, tête baissée puis soudain relevée, il devait donner le change jusqu'à ce qu'il arrive au travail.

Au fond de lui, il savait qu'il ne risquait rien, son GPS lui avait indiqué où se trouvaient les quatre noms qui composaient sa liste.

Quatre noms. Deux qu'il connaissait bien. Il se demanda si chaque Régulateur était dans le même cas que lui, obligé de supprimer une connaissance, un proche, un ami ou si le hasard avait fait qu'il avait hérité de la pire liste qui soit depuis la création de la Régulation. Les DIX étaient joueurs, tout le monde le savait, mais à ce point, cela frisait le sadisme. Dans la liste se trouvait le nom de son collègue de l'après-midi. Douze ans qu'ils travaillaient ensemble une bonne partie de la journée. Douze ans qu'ils se racontaient des blagues en transportant les carcasses de bœufs ou les cadavres d'un compost à l'autre selon la maturité de la terre. Douze ans qu'ils se voyaient chaque jour.

Aujourd'hui serait le dernier.

Kyle n'avait aucune idée de la façon dont il allait procéder. Était-il son Régulateur aussi ¿ Allait-il devoir se battre ¿ Le combat ne serait pas très égal si c'était le cas. Kyle était dans la force de l'âge, plutôt musclé et en pleine forme. Gary était un homme âgé, voûté et aussi rapide qu'une limace par temps ensoleillé. À moins d'être pris par surprise, Kyle ne devrait pas être dépassé par les événements. Ce qui le tranquillisait pour l'instant, car ce soir, lorsqu'il devrait rentrer chez lui, ce serait une autre paire de manches.

Quand il avait vu le nom de sa femme sur l'écran, il avait cru à une mauvaise blague. Une erreur d'envoi des DIX. Mais au petit matin, la liste n'avait pas changé et le signal correspondant à Abigail s'était bien affiché sur l'application GPS. Sa femme était devenue sa future proie. Il n'avait pas le choix, c'était elle ou lui, rien de plus simple. Et il n'avait pas l'intention de mourir.

Sa vie n'avait rien de transcendant, il ne faisait pas partie de la caste des dirigeants et n'avait aucune chance d'en faire partie un jour. Il n'aurait pas non plus d'enfants, Abigail avait été claire sur ce point dès le début de leur relation. Néanmoins, il n'était pas prêt à tout lui sacrifier. Il l'aimait, mais pas assez pour l'épargner. Il avait presque fui la maison ce matin pour qu'elle ne se doute de rien. Lors de leurs ébats la veille, il avait même dû se refréner, ne voulant pas trahir le fait que c'était peut-être la dernière fois qu'ils faisaient l'amour.

L'idée de la perdre le peinait. Toutefois, il venait de s'apercevoir qu'il n'était pas non plus dévasté à l'idée de ne plus l'avoir auprès de lui. Il était bien placé pour savoir que la vie était éphémère, lui qui mettait en terre chaque semaine les corps d'êtres qui avaient été aimés et dont les proches continueraient à vivre sans eux, jusqu'à les rejoindre dans l'humus tiède. La vie continuait. Il n'avait qu'à accomplir la mission pour laquelle on l'avait désigné et retrouver un quotidien, certes différent, mais auquel il s'habituerait très vite.

Toute la matinée, il travailla comme d'habitude, discuta avec ses collègues, rigola à leurs histoires salaces et partagea son repas avec l'équipe sans laisser paraître le trouble qui montait en lui au fur et à mesure que le temps passait. Gary devait prendre son poste à 15 heures, ce qui lui laisserait le temps de s'occuper de son cas avant son départ à 17 heures.

Comme un fait exprès, ils étaient en binôme ce jour-là, tous deux affectés en fin de parcours des wagonnets de déchets, loin du reste de l'équipe qui œuvrait en début de chargement. Ils seraient seuls. Tranquilles.

Après le repas, il reprit son poste et Gary arriva enfin. Les nerfs tendus à bloc, Kyle ne savait toujours pas comment il allait se débarrasser de son collègue et la pluie qui tombait sans discontinuer depuis le matin n'arrangeait en rien son état de nervosité.

Gary était un homme simple et ne se doutait de rien. Il arriva, habillé de son éternelle salopette en jean rapiécée, sur laquelle il avait rajouté un imperméable bleu, et se saisit de sa pelle pour se mettre au boulot.

— Alors, mon gars, comment ça va, aujourd'hui ? demanda-t-il à Kyle qui s'obstinait à lui tourner le dos.

— Comme hier, pas mieux que demain !

Sa voix sonnait faux et il espéra que Gary ne s'en rendrait pas compte.

— Tiens, on a un bœuf à décharger, tu viens m'aider ?

Kyle lâcha sa pelle et s'approcha du wagonnet qui venait d'arriver au bout de la petite portion de voie ferrée les reliant à la zone de chargement. Derrière eux, d'immenses cuves de terre puante attendaient leurs lots de déchets quotidiens. Une fois les carcasses balancées dans les bacs, les deux hommes devraient monter par l'échelle jusqu'au sommet du monticule et brasser la terre jusqu'à recouvrir les nouveaux déchets.

Kyle entrevit alors une opportunité : une chute de l'échelle pouvait arriver à tout moment, surtout pour un homme de l'âge de Gary. La pluie rendait les barreaux glissants, son alibi serait parfait. Il tenait enfin le début d'un plan, sans même se salir les mains. La voix de Gary le ramena à la réalité :

— Oh, tu te bouges ou quoi ?

— J'arrive, y a pas urgence, ton bœuf ne va pas se barrer en courant !

Gary ricana.

— Attrape les jambes de ce bovin, je m'occupe de la tête.

Kyle ne se fit pas prier. Ils allaient devoir hisser la bête et un faux pas serait vite arrivé. Il serait dommage que ce soit lui qui tombe !

Gary, lesté de la tête du bœuf mort sur l'épaule, s'engagea sur les premiers barreaux de l'échelle en grognant.

— Pourraient pas les cramer, ces bestioles ? On se tue le dos à les charger dans ces foutus bacs où ils finissent par puer la mort. Et qui va encore se coltiner le ramassage des os ? C'est Bibi !

— Arrête de râler et avance donc un peu ! grogna Kyle.

Gary monta un échelon. Puis un autre. La carcasse ballotait entre eux deux, mais l'homme était vaillant. Ses jambes ne vacillaient pas, ses pieds ne glissaient pas non plus et sa main libre était fermement accrochée au garde-corps. Kyle poussa un peu le corps inerte, testant l'équilibre de Gary. Il le vit raffermir sa prise autour du cou de la bête, sa main se crispa un peu plus sur la rampe, mais il ne trembla pas.

Lorsque son collègue arriva à deux mètres de hauteur, Kyle fit un pas en arrière et tira sur le bœuf de toutes ses forces. Gary grogna, mais ne lâcha rien. Une fois stabilisé, il se tourna vers Kyle :

— T'as pas bientôt fini de faire le con ? J'aurais pu me casser les os avec tes conneries.

— Excuse-moi, avec toute cette flotte, j'ai glissé.

Kyle souffla. L'affaire s'engageait mal, la carcasse était sur le bord de la cuve, prête à être jetée dans le compost. Gary la fit basculer puis disparut à sa suite.

Une pelle dans chaque main, Kyle monta à la suite de son collègue et le rejoignit dans la fosse. La puanteur le prit à la gorge, il toussa.

— J'arriverai jamais à me faire à cette odeur.

— T'inquiète, dans quelques années, ton nez sera tellement défoncé que tu ne sentiras plus rien. Allez, au boulot, on n'a pas toute la journée. Avec un peu de chance, demain les corps seront plus légers !

Kyle sursauta.

— De quoi tu parles ?

— De la Régulation, mon gars ! Tu crois peut-être que ça va mettre dix jours à arriver chez nous ? Dès demain matin, on aura les cadavres à enterrer dans ce terreau. Les gars qui ont reçu le texto ne vont pas attendre des plombes pour se mettre au boulot, crois-moi.

Mal à l'aise, Kyle lui tendit la pelle.

— J'étais en début de chaîne pour la Régulation précédente, alors j'ai rien vu de tout ça.

— Depuis le temps que je suis là, je peux te dire que les macchabées, ils tombent comme des mouches dans les premiers jours. Les gars, ils ne se méfient pas assez, ils se croient en sécurité tant qu'ils sont en groupe ou au boulot. Et paf, ça leur tombe dessus. Couic, mort, et au compost !

Gary ponctuait chacune de ses phrases d'une pelletée de terre. Un bruit sourd, plein de sous-entendus.

— Tu verras demain, gars, continua-t-il. Y en aura déjà quatre ou cinq à enfouir. Des jeunes, des vieux. Et dans les deux jours suivants, ce sera pareil. Après, y a une pause. Les Régulateurs sont plus coriaces, ils sont sur leurs gardes, alors ça leur prend plus de temps pour se dégommer. Mais au final, y a toujours des corps qui arrivent jusqu'à ce que les DIX sonnent la fin de la partie.

Kyle resserra la main sur le manche de sa pelle. Gary poursuivit.

— Et quand tout ça est fini, les gens reprennent leur vie comme si de rien n'était. Par contre, pendant la Régulation, faut les voir ! Ça se regarde en biais, ça court se réfugier chez soi ou ça fait des heures sup jusqu'au couvre-feu pour être sûr de ne pas se faire choper entre les deux. Des paranos. Complètement dingues.

Kyle se rapprocha.

— Et toi, ça ne te fait pas peur ?

Gary se tourna vers lui en souriant.

— Peur ? De quoi ? De tomber sur un dingue qui veut me buter pour faire plaisir à des mecs qu'on n'a jamais vus et qui tirent les ficelles depuis trois cents ans ? Rien à foutre. Peuvent bien me tuer et me foutre avec les tomates pourries. J'ai vécu assez longtemps pour savoir qu'il n'y a rien à faire dans cette vie. J'ai pas de femme, pas de gosse, un boulot de merde et pas d'amis. Tout s'effondre ici. T'as vu les blocs ? Ça tombe en décrépitude chaque jour un peu plus. Bientôt, on va se prendre les bâtiments sur la gueule en dormant. Regarde autour de toi, gamin. Qu'est-ce qui a changé depuis que tu es né ? Que dalle. On vit toujours avec les mêmes choses, on rafistole ce qu'on peut, on ne crée rien du tout. On survit, mon gars. Rien de plus, alors me faire buter pendant la Régulation…

Il haussa les épaules, tourna le dos à son collègue et reprit sa pelle.

Kyle leva la sienne, ferma les yeux. Et l'abattit de toutes ses forces sur le crâne de Gary.

Au lieu de s'enfoncer dans la chair, la pelle rebondit sur une surface métallique et le choc remonta le long du bras de Kyle. Il rouvrit les yeux et se trouva nez à nez avec son collègue, pelles entrecroisées.

— Alors comme ça, tu en es un. Pas de bol mon gars, j'ai dit que je voulais bien mourir par la main d'un Régulateur, mais j'ai pas dit que je me laisserais faire.

Il recula d'un pas et se mit face à Kyle, manche serré entre les mains.

— Viens, gamin. On va jouer un peu et voir qui est le plus fort...

Il recula encore et leva le bras. La tranche de la pelle s'envola vers le crâne de son adversaire qui fit un pas en arrière. Kyle n'avait pas vu le coup venir. Cet homme était un vieillard, bon sang ! Comment pouvait-il être encore aussi vif ?

Il devait se reconcentrer. Il avait été surpris par la riposte de Gary, mais maintenant que son jeu était découvert, il allait devoir se battre.

D'un coup d'œil rapide, il examina le terrain : des monticules de terre transformée en boue rendaient le sol instable, il allait devoir être prudent. Entre les deux hommes, la carcasse du bœuf délimitait les deux camps. Derrière le cadavre, Gary lui souriait. Un sourire carnassier qui n'augurait rien de bon.

Kyle inspira et se prépara à l'attaque.

Les deux pelles s'entrechoquèrent une seconde fois, de la boue vola autour d'eux. Les deux hommes se tournaient autour, lançaient une attaque vite parée par l'adversaire. Leurs pieds s'enfonçaient dans la fange, les paumes de leurs mains devenaient humides et glissaient sur le manche en bois.

Kyle tenta une feinte sur la gauche, mais l'autre esquiva et sa pelle s'enfonça dans l'humus. Le temps qu'il l'enlève de la terre humide, Gary s'était rapproché et le tranchant de la lame s'enfonça dans son avant-bras. Il grogna, fit volte-face et fonça dans le tas. Gary, surpris, leva sa pelle pour se protéger,

Kyle baissa la tête et attrapa l'homme par la taille. Emporté par l'élan, Gary perdit l'équilibre et Kyle le poussa jusqu'au bord du bac.

Le corps de Gary hésita une fraction de seconde entre l'avant et l'arrière, puis bascula dans le vide et s'écrasa quelques mètres plus bas dans un bruit répugnant.

Kyle venait d'exécuter sa première victime.

À proximité de chez lui, il força l'allure. Il ne lui restait que cinq minutes pour rentrer avant le couvre-feu. Il avait perdu un temps fou à remplir de la paperasse après avoir déclaré la mort de Gary. Il avait consciencieusement coché la case « accident » sur le formulaire et était parti se changer aussitôt les formalités remplies. Son bras entaillé, soigneusement dissimulé sous une manche de son uniforme de travail, le faisait souffrir. Mais ce n'était rien comparé au silence assourdissant qui tourmentait son esprit. Ce silence qui avait accompagné la chute de son collègue troublait sa raison depuis plus de deux heures. Il revoyait encore le visage tranquille de Gary lorsqu'il avait basculé par-dessus la rambarde en bois, ce petit sourire, satisfait de s'être battu jusqu'au bout.

Et ce bruit sourd quand son corps avait heurté le sol quatre mètres plus bas.

Il secoua la tête et ouvrit la porte de chez lui. Le couvre-feu allait sonner dans quelques secondes, il pourrait enfin se reposer jusqu'au lendemain.

*Demain est un autre jour*, pensa-t-il en refermant derrière lui.

Il sentit à peine la lame aiguisée glisser sur sa peau et le flot de sang chaud se déverser dans son cou. Kyle s'effondra dans les bras de sa femme et la regarda une dernière fois, tandis que sonnait le couvre-feu.

# Chapitre 14

Trois minutes, pas plus. C'est le temps qu'Élisabeth avait devant elle avant de se faire repérer, traquer et éliminer.

Ses doigts couraient sur le clavier tandis que l'écran se remplissait de lignes de caractères qui disparaissaient, vite remplacées par d'autres.

Elle jeta un coup d'œil nerveux derrière elle en entendant des pas dans le couloir, puis reporta vite son attention sur le moniteur une fois qu'ils se furent éloignés.

Il lui restait une minute et quarante-six secondes. Elle accéléra la cadence.

Une minute douze secondes. Sur l'écran, une carte de la Cité apparut et vingt-trois points lumineux se mirent à clignoter.

Elle n'avait pas le temps de les analyser. Trente-sept secondes. L'imprimante crachota tandis qu'Élisabeth se déconnectait du système. Sept secondes et l'écran redevint noir.

Elle connaissait chaque faille du système, mais n'avait pas imaginé devoir s'en servir dans de telles conditions. En sueur, elle passa une main sur son front, rattacha ses longs cheveux bruns et attrapa la feuille sortie de l'imprimante.

Vingt-trois points. Il y avait déjà eu de la casse depuis le matin. Si elle avait eu plus de temps, elle aurait pu hacker le système pour savoir quels Régulateurs avaient été tués. Les Régulés ne l'intéressaient pas. Ils ne faisaient pas partie du plan, ignorant jusqu'à leur statut de proie. Elle devrait se reconnecter avant de partir pour savoir où elle en était.

La feuille cachée dans la poche de sa blouse, elle sortit du bureau et quitta le bâtiment sous le ballet incessant des drones qui arrivaient aux ateliers et en repartaient sitôt réparés. Sauf un. Personne ne pouvait savoir que ce drone était là pour elle. Il se fondait dans la masse, prenait parfois de l'altitude pour mieux se camoufler, avant de redescendre pour reprendre sa surveillance au milieu des autres machines qui quadrillaient le ciel de la Cité depuis le matin, la suivant à distance jusque derrière les fenêtres du bâtiment de sécurité.

Elle l'avait repéré la veille, alors qu'elle venait, elle aussi, de recevoir son texto maudit. Depuis, elle l'avait identifié par son numéro de série et il lui avait permis de trouver les autres. À croire que les DIX les prenaient pour des imbéciles. Elle n'avait eu qu'à remonter les liens qui connectaient les drones entre eux et à entrer tout ça dans le logiciel de gestion. Simple comme bonjour. Surtout pour quelqu'un comme elle qui manipulait ces engins à partir de son ordinateur depuis des années. Ils avaient failli l'avoir avec ce premier drone verrouillé, mais ils ne savaient pas à qui ils avaient affaire. Il était hors de question qu'Élisabeth se fasse tuer. Elle avait un plan qu'elle allait mener à son terme.

Dans l'immédiat, elle se savait en sécurité. Aucun point sur la feuille ne figurait à proximité de son lieu de travail et elle connaissait déjà l'emplacement des quatre noms qui lui étaient destinés.

La journée se déroula lentement, entre les ordres donnés et leur exécution émanant des DIX, comme chaque jour. Comme si la Régulation n'existait pas. Comme si aujourd'hui était un jour comme les autres.

Debout face à la fenêtre de la salle de pause, Élisabeth regardait le ciel se couvrir de gros nuages noirs au moment même où l'alerte météo retentissait dans la Cité.

Les écrans s'illuminèrent d'un point d'exclamation rouge clignotant et la voix d'Évangéline retentit partout dans les rues simultanément.

« *Chers habitants, nous vous informons qu'une tempête de classe trois devrait passer au-dessus de nous d'ici quatre heures. Elle devrait rester dans notre ciel pour la nuit, avec les conséquences que cela entraîne. Nous vous demandons de bien vouloir vous reporter à votre manuel de sauvegarde et appliquer les consignes qui vous y sont données. Prenez soin de vous et de votre Cité.* »

Élisabeth soupira – toujours le même discours, le même visage à l'écran, la même voix qui récitait ses textes sans émotion – et se détourna de la fenêtre. Elle tomba nez à nez avec son collègue, Sam.

Surprise, elle hoqueta et se cogna la tête contre la fenêtre en reculant d'un pas.

Sam éclata de rire.

— Je t'ai fait peur ?

— Espèce d'abruti ! Va falloir grandir un peu, un jour. Tu ne sais pas que tout le monde est un peu à cran, en ce moment ? J'aurais pu…

— Me jeter ton café à la figure ? Ta tasse est vide.

Élisabeth souffla.

— Qu'est-ce que tu veux ?

— Juste te donner ça.

Il glissa la main dans la poche de sa veste et la jeune femme sentit ses muscles se tendre malgré elle. Depuis ce matin, les points sur la feuille avaient dû se déplacer. Où était Sam quand elle avait imprimé le document ? Est-ce qu'il était déjà à son poste ou sur le chemin ? Se pouvait-il qu'elle soit en danger, acculée contre la fenêtre sans possibilité de s'échapper ?

Son poing se referma et elle se concentra sur la main de Sam qui farfouillait dans sa veste. Lentement, il la retira et lui tendit une petite boîte verte en carton abîmée.

Elle la saisit prudemment, la tourna plusieurs fois dans sa main et leva les yeux vers Sam :

— Qu'est-ce que c'est que ce truc ?

— La tisane. Celle que je t'ai promise. Tu vas adorer et demain, tu arriveras avec des crampes dans les joues à force de sourire ! Allez, je file, j'ai du taf. Tu connais ma chef ? Si elle me trouve ici en train de discuter, je risque de passer un sale quart d'heure.

Il tourna les talons et alors que la porte se refermait derrière lui, Élisabeth lança :

— Mais… c'est moi, ta chef !

— C'est bien ce que je dis ! lui répondit-il du couloir en riant.

Stupéfaite, Élisabeth regarda la boîte puis la porte fermée et secoua la tête. En d'autres lieux, d'autres temps, peut-être qu'elle aurait approfondi cette relation avec Sam. Peut-être même qu'elle aurait accepté ce qu'il lui proposait à demi-mot depuis des mois. Peut-être. Mais plus maintenant.

Elle effaça le sourire qui pointait sur ses lèvres et rejoignit son bureau.

Il lui restait deux heures avant de pouvoir s'échapper d'ici et il fallait qu'elle s'introduise une nouvelle fois dans le système avant que la tempête ne fasse sauter l'électricité dans le bâtiment.

Enfermée dans son bureau, elle posa à côté de son clavier la petite boîte qui embaumait la camomille et une note plus fleurie qu'elle n'identifiait pas, verrouilla la porte et se mit au travail.

Elle passa en revue les dysfonctionnements de drones, en envoya certains à l'atelier de réparation et, conformément aux directives, rapatria les autres au local de stockage afin de les protéger de la tempête qui arrivait.

Même en l'absence de fenêtre, elle entendait le vent rugir dehors. Les murs et le sol vibraient légèrement sous l'effet des bourrasques et les lumières commençaient à vaciller ; le réseau électrique déjà précaire ne tiendrait pas longtemps.

Elle n'avait plus le temps d'attendre que sa journée soit presque finie pour hacker de nouveau le logiciel.

Elle ferma ses applications et ouvrit un petit fichier caché. L'écran vira au noir et elle recommença ses manipulations.

Deux minutes plus tard, elle avait une nouvelle carte de la Cité sous les yeux. Au lieu des vingt-trois points du matin, il n'en restait que dix-neuf. En rouge, les proies, en bleu, les chasseurs. Elle envoya le tout à l'impression et se déconnecta rapidement quand un grondement de tonnerre retentit. La lumière s'éteignit d'un coup et Élisabeth se retrouva dans le noir. Elle attendit que les groupes de secours prennent le relais puis se leva pour récupérer la feuille dans l'imprimante. Le papier n'était pas entièrement sorti, coincé par la coupure d'électricité à mi-chemin de son impression.

Élisabeth grogna :

— Merde.

Elle tira sur la feuille pour la déloger, mais le papier resta coincé dans la machine et se déchira.

— Merde, merde, merde !

Tout ce qu'elle venait de faire n'avait servi à rien. Elle tenta de relancer l'ordinateur, mais les groupes de secours coupaient les alimentations non nécessaires jusqu'au retour à la normale.

Dépitée, la jeune femme sortit son portable et consulta son application : aucun point ne clignotait à proximité de son domicile, elle pouvait rentrer en toute sécurité.

Elle attrapa sa veste et quitta le bâtiment. Dehors, la tempête faisait rage, la pluie se déversait dans les rues, s'infiltrait dans tous les interstices qu'elle rencontrait, poussée par les vents qui se déchaînaient. Élisabeth rabattit sa capuche pour se protéger, mais ce fut peine perdue. À peine fit-elle trois pas dans la tourmente qu'elle se retrouva trempée et peina à rester debout sous les rafales de vents qui lui cinglaient les jambes.

Heureusement, elle n'habitait pas loin : le bloc 1 était à peine à une centaine de mètres de là. La jeune femme se courba en avant et affronta les éléments. La rue était déserte et sombre, seulement illuminée par les écrans géants où s'affichait toujours ce gros point d'exclamation rouge, prévenant de la tempête qui faisait déjà rage. Elle avait l'impression de marcher dans des flaques de sang.

Arrivée devant chez elle, elle regarda une dernière fois son application : elle avait le champ libre.

Mais lorsqu'elle posa la main sur la poignée de la porte de son appartement, son cœur s'emballa. Là où elle l'avait laissée à quarante-cinq degrés, la poignée était maintenant parfaitement droite.

Quelqu'un était entré chez elle. Et s'y trouvait peut-être encore.

De l'autre côté du battant, Jack attendait que la porte s'ouvre depuis ce qui lui semblait des heures. Il avait mis la journée pour arriver à la fin de sa liste, qui s'était rallongée après l'élimination de Lauren, et puisqu'il n'avait hérité d'aucun nouveau nom à éliminer lors de ses derniers meurtres, il en avait déduit que sa dernière proie était de nouveau un Régulateur. À moins qu'une de ses victimes précédentes n'ait été aussi efficace que lui, ce dont il doutait fort tant il avait été facile de se débarrasser d'eux.

Un coup de tonnerre ébranla le bâtiment, couvrant tous les autres bruits. Jack grimaça.

Un œil sur sa montre lui indiqua qu'il ne restait plus que quelques minutes avant le couvre-feu. Si sa proie ne rentrait pas maintenant, il était bon pour se sauver par la fenêtre et disparaître jusqu'au lendemain.

Il se dandina d'un pied sur l'autre, couteau en main, pour chasser les fourmis qui lui picotaient les jambes. Il fit craquer sa nuque et se figea soudain. Des pas résonnaient dans le couloir, à peine couverts par le mugissement du vent.

Il raffermit sa prise sur le manche du couteau et se tint prêt.

Un éclair illumina la pièce, l'aveuglant un instant tandis qu'un nouveau coup de tonnerre lui vrilla les tympans.

Ses yeux se fermèrent involontairement une fraction de seconde, mais ce fut suffisant pour se faire surprendre.

Une main de fer lui saisit le poignet et il se retrouva plaqué au mur. Une femme lui faisait face, le regard noir et déterminé. Elle était prête au combat. D'un coup de hanche, il tenta de la repousser, en vain. Elle était puissante. Résolue.

Comment avait-elle su qu'il était là ? De sa main libre, il attrapa le col du manteau de son adversaire et tira un coup sec en arrière. La femme fut déstabilisée et il en profita pour la repousser de toutes ses forces. Mais elle ne lâcha pas prise et lança son genou devant elle. Le choc fut terrible et Jack lâcha son arme en hurlant, plié en deux au sol.

Au-dessus de lui, la femme le toisait :

— Vous en voulez encore ou on s'arrête là ?

Malgré la douleur, Jack ricana.

— On ne fait que commencer, ma jolie.

D'un bond, il se redressa et lui fit face. Il n'eut pas le temps d'armer son bras qu'un pied le cueillit en pleine mâchoire, le projetant au sol dans une gerbe de sang.

— Je vous repose la question : est-ce qu'on s'arrête là ?

Jack posa un genou au sol, cracha un filet de sang, et se mit à tousser. Un nouveau coup, dans le ventre, cette fois, le cloua sur le parquet. Il allait mourir ici, exécuté par une femme qui devait faire la moitié de son poids. Mais le coup de grâce ne vint pas. Il releva la tête. Elle le fixait toujours, bras croisés, mais ne bougeait plus. C'était une jolie femme, à la peau brune et aux yeux noir de jais. Pendant une seconde, il crut qu'elle lui souriait. Comme si elle prenait plaisir à le voir ramper à ses pieds. La colère monta en lui comme une déferlante. Il inspira profondément et, dans un cri guttural, se rua sur elle.

À peine la vit-il bouger qu'il alla s'écraser contre le mur derrière elle. La femme lui avait fait un croche-pied, comme une enfant à l'école, et il n'avait rien vu venir.

Sonné par le choc, il se laissa glisser contre la cloison.

Élisabeth s'accroupit pour se mettre à son niveau, tout en restant à distance du moindre coup.

Jack se mit à rire. Elle aurait bien pu être à deux centimètres de lui qu'il aurait été incapable de faire le moindre geste.

Ses yeux se fermaient, son crâne lui semblait sur le point d'exploser.

— Nous ne sommes pas obligés de faire ça, vous savez... lui dit-elle gentiment.

— C'est la règle. Vous ou moi. Mais on dirait bien que ce sera vous, cette fois, murmura-t-il.

— Bien. Puisque vous le dites.

Il la vit alors ramasser le couteau qu'il avait laissé échapper. Son couteau à lui. Comble de l'ironie, il allait mourir de l'arme qu'il avait lui-même apportée, alors que celle qu'il avait décidé de tuer n'était même pas armée.

Il se laissa envahir par l'obscurité, ferma les yeux pour ne pas voir la lame qui s'abattrait sur lui et glissa le long du mur dans un noir absolu.

Dehors, l'alarme du couvre-feu se mit à retentir.

# Chapitre 15

Il ne restait à Christopher que deux personnes à supprimer et cela le mettait en joie. Il avait la sensation du travail bien fait et le sourire que lui adressait Évangéline chaque soir sur son écran le remplissait de bonheur.

Il ferait tout pour elle, il irait jusqu'à lui sacrifier sa vie s'il le fallait. Elle était son monde, son idéal, sa raison de vivre depuis qu'il avait croisé son regard des années plus tôt. Bien sûr, Christopher n'était pas fou, il savait qu'elle était inaccessible, mais cela n'avait aucune importance pour lui. Sa seule présence lui suffisait. Il avait vu des couples se déchirer avec les années ou devenir si transparents l'un pour l'autre qu'il en était arrivé à chérir ce fossé qui les séparait tous les deux. Jamais de dispute, aucune lassitude. Juste elle, sur son écran, et lui qui la regardait. Seulement dans l'immédiat, il avait autre chose à faire qu'attendre que l'écran rouge laisse place à sa belle.

Dehors, la tempête menaçait et les textos d'alerte n'en finissaient pas de faire vibrer son portable. Mais ce n'était pas un gros orage qui allait l'arrêter. Il attrapa sa veste, remonta le col sur son cou décharné, enfila une vieille casquette qui le protégerait de la pluie et fonça en direction du premier point qu'il avait localisé sur son application.

Le vent grondait, le ciel noircissait. Il allait devoir faire vite s'il voulait intercepter sa proie avant qu'elle ne se calfeutre chez elle.

D'un pas rapide, il remonta le bloc et s'engagea dans l'avenue principale. Tout le monde marchait tête baissée, pressé de rentrer à l'abri tandis que les écrans géants à chaque coin de rue intimaient à la population de se mettre à couvert.

Christopher ricana : « Vous n'êtes nulle part à l'abri, bande d'abrutis. » Il avait marmonné dans sa barbe, et vit un homme s'éloigner de lui comme s'il était malade. Cette fois, il éclata d'un rire franc, s'attirant encore plus de regards.

Il baissa la tête, camoufla son sourire idiot et s'efforça de se fondre dans la masse. Un coup d'œil à son téléphone caché dans la manche de sa veste lui indiqua qu'il était tout près de sa future victime. Il remonta la file de gens agglutinés sur la gauche puis s'arrêta une seconde afin d'observer le mouvement du point lumineux.

Sa proie était là, juste à sa droite. Une jeune fille aux cheveux coupés court et aux vêtements multicolores, juchée sur des rollers rouillés.

Le visage dissimulé par son col, il se mit à sourire. Celle-là, il ne risquait pas de la perdre de vue ! Elle clignotait comme un gyrophare dans la nuit !

Il lui emboîta le pas et l'observa. Elle avançait lentement sur ses roulettes qui couinaient en rythme. Comme si rien ne pouvait l'atteindre. Ni la tempête, ni lui. Elle jetait parfois un regard à droite ou à gauche, mais semblait sereine. Autour d'elle, on ne voyait que visages fermés et regards en coin, démarches pressées et poings fermés. Elle était tranquille. Trop, alors qu'autour d'eux ce n'était que peur et malaise. Comme si elle était concentrée sur un objectif précis et que rien ne comptait autour d'elle. Christopher se tendit. Il venait de trouver la Régulatrice de sa liste. *La chasse est ouverte.*

Deux personnes les séparaient et la fin de l'avenue pointait le bout de son nez. Il allait devoir agir vite. La pluie redoubla de violence et une rafale de vent emporta sa casquette. Il jura. La foule se plia comme un seul homme pour échapper au souffle froid et aux trombes d'eau qui s'abattaient. La troupe pressa le pas, les drones disparurent du ciel et les écrans vacillèrent un instant, plongeant la rue dans le noir une fraction de seconde.

La main sur son couteau dissimulé dans une poche, Christopher avançait au milieu du troupeau, comme les zombies qu'ils étaient.

Alors que les deux hommes qui le précédaient quittaient la cohorte, il se retrouva face à un écran géant qui diffusait un énième message d'alerte. Il n'entendit rien de l'annonce. Il ne voyait qu'ELLE. Évangéline le regardait du haut de son mur gris, avec ce sourire qui le rendait fou.

C'était un signe. Il devait agir maintenant. Sous ses yeux. Pour ELLE. Son cœur accéléra dans sa poitrine, sa main, moite, se raffermit sur le couteau. Il se mit au niveau de sa proie et s'apprêta à sortir la lame.

Quelque chose le percuta alors au niveau des genoux et il bascula vers l'avant, bousculant la jeune femme qui s'éloigna de son emprise d'un tour de roulettes. Ses rotules heurtèrent le sol avec un son mat et il grogna de douleur. Tant bien que mal, il se retourna pour voir ce qui l'avait fait tomber et se retrouva nez à nez avec un jeune Noir cloué dans un fauteuil roulant. Autour de lui, la foule reflua dans un flot de murmures curieux et angoissés.

Le jeune lui tendit la main :

— Pardon, monsieur, je ne vous avais pas vu. Je suis vraiment navré. Je n'ai pas l'habitude d'être dans une foule si dense et…

L'homme lui sourit et Christopher se figea. Il y avait un truc qui clochait. Le sourire sonnait faux, les yeux étaient froids. Et l'autre main du type était restée sous la couverture qui lui couvrait les cuisses.

D'un bond, il se remit debout et se jeta sur le gamin, lui bloquant la main, certainement armée, de tout son poids. Le fauteuil bascula en arrière et ils se mirent à lutter.

La foule hurla et se dispersa comme une nuée d'insectes. Quelques personnes restèrent à distance raisonnable des deux hommes qui s'empoignaient, poussées par un voyeurisme abject : ils n'étaient pas les proies, mais voulaient voir le sang couler. Celui des autres.

Damian tentait vainement de libérer son arme, mais le type pesait trop lourd et son poignet n'allait pas résister longtemps. Il tenta de rouler sur le côté et jeta son poing en avant. Il rata Christopher, qui lui retourna le sien en pleine mâchoire.

Christopher l'attrapa par le col et lorsque Damian le vit plonger la main dans sa poche, il sut qu'il allait mourir, ici, sous la pluie, au milieu d'une avenue noire de monde quelques secondes auparavant, et désormais presque déserte.

Ceux qui restaient ne lui seraient d'aucune aide.

À travers la pluie qui tombait drue, il vit la petite brune qui avait échappé à la mort quelques minutes avant grâce son intervention revenir à toute vitesse, juchée sur ses patins à roulettes hors d'âge et attraper son assaillant par la veste. Elle le tira de toutes ses forces en arrière, l'obligeant à lâcher sa proie.

Damian ne comprit pas ce qu'il se passait, mais il vit une belle opportunité à saisir pour finir le boulot.

Sa main enfin dégagée, il décida de jouer le tout pour le tout. Il attrapa son couteau, rampa au milieu des flaques d'eau sale et leva la main. Christopher ne vit rien, trop occupé à essayer de faire lâcher la furie toujours accrochée à lui.

La lame descendit vers le ventre de son ennemi et se figea à quelques centimètres de l'estomac de Christopher. Une main puissante retenait le bras de Damian. Une poigne de dingue qui menaçait de lui briser les os. Le couteau tomba au sol dans un tintement métallique.

Au-dessus du jeune homme, une force de la nature le regardait. Un homme aussi large que haut, aux mains plus grosses qu'un poulet.

Il essuya la pluie sur son visage, puis lâcha Damian avant de le pointer du doigt :

— Toi, tu ne bouges pas de là tant que je n'en ai pas fini avec l'autre énervé. Ne m'oblige pas à te courir après.

Il lui tourna le dos, récupéra le poignard au sol, le glissa dans sa poche, puis alla aider la petite brune qui se démenait pour maîtriser l'autre tueur.

Damian le vit attraper Christopher par le col de la veste et le secouer comme s'il n'était qu'une vulgaire serpillière.

— On se calme, maintenant, dit-il de sa grosse voix. Ou je vais être obligé de sévir.

L'autre ne se détendit pas pour autant. Il lança un pied en avant et ne toucha le genou de l'homme que du bout des orteils.

Le géant ne cilla même pas. Il leva les yeux vers le ciel, satisfait de n'y voir aucune trace de drone : le mauvais temps était avec eux, ces satanées machines devaient être revenues au bercail. Il retourna ensuite son attention sur Christopher.

— C'est bon ? Tu as fini tes conneries ? On peut passer aux choses sérieuses ?

Il mit la main dans la poche du type et en retira la même sorte de couteau que celui qu'il venait de confisquer à Damian.

Sans le lâcher, il lui demanda :

— C'est quoi ton nom ?

— Va te faire foutre.

— Eh bien, quelle éducation ! Je viens de te sauver la peau et tu me dis d'aller me faire foutre ?

L'autre grogna.

— Me sauver la peau ? Contre ce gringalet en fauteuil ? J'allais n'en faire qu'une bouchée avant que vous arriviez !

Le géant secoua la tête, dépité.

— Je crois qu'on n'est pas sorti de l'auberge avec toi, mon gaillard. Allez, tout le monde à l'abri avant que la foule ne revienne voir ce qu'il se passe. Bettany, remets le gamin sur ses roues, je me charge de celui-là. On a le champ libre pour l'instant.

Il remit Christopher sur ses pieds, mais ne le lâcha pas pour autant. Il le poussa devant lui en le tenant par le bras.

— On va se mettre au chaud un moment, on a des choses à se dire.

— J'ai rien à vous dire, moi. Et vous êtes qui, tous les deux, bon sang ?

— Tes anges gardiens. Avance.

Damian n'attendit pas que la petite brune l'aide. Il saisit son fauteuil, le rétablit sur ses roues et, d'un coup de rein expert, s'assit sur le siège trempé par la pluie. Aussitôt, il sentit le froid lui saisir le postérieur et il grimaça. Sa moue alerta Bettany qui se précipita vers lui :

— Vous êtes blessé ? Quelque chose de cassé ?

Damian leva les yeux vers la jeune fille. Elle était véritablement paniquée à l'idée qu'il puisse avoir mal quelque part. Décidément, rien ne tournait rond dans cette fin de journée ! Il lui fit signe que tout allait bien et elle lui sourit, puis, d'un geste, l'invita à la suivre.

— C'est par ici, lui dit-elle.

Mais Damian n'avait pas confiance. Elle avait beau être toute jolie, souriante et avenante, ça sentait le coup foireux. Campé sur les freins de son fauteuil, il la fixa, renfrogné.

— Non, lâcha-t-il.

Bettany éclata de rire avant de se placer devant lui. Obligé de lever la tête pour la regarder, Damian n'en menait pas large, mais n'en laissa rien paraître. Elle lui planta son téléphone à deux centimètres du nez et lui indiqua un point clignotant.

— Écoutez-moi bien, espèce de demeuré. Vous êtes sur ma liste. Vous voyez ? Le point, là, c'est vous. Alors soit vous me suivez gentiment, qu'on aille se mettre à l'abri de la tempête et des caméras indiscrètes, soit je finis le boulot, ici et maintenant. Je suis trempée, on va finir par se prendre un panneau sur la tronche à cause du vent, ou un éclair dans la face, et les gens vont revenir. C'est ce que vous voulez ?

— Vous êtes ma Régulatrice et vous voulez que je vous suive, tranquillement, pour me faire tuer ailleurs ?

Bettany fit le tour du fauteuil en moins d'une seconde et glissa un couteau sous la gorge du jeune homme. Elle se pencha et lui murmura à l'oreille :

— Si j'avais voulu vous tuer, espèce de débile, ce serait déjà fait depuis longtemps. Maintenant, vous avez cinq secondes pour vous décider.

Damian déglutit puis lui sourit avec un air de défi.

— Ou sinon quoi ? Vous me jetez encore par terre et vous me piétinez avec vos trucs rouillés à roulettes ?

— Et je crève les pneus de votre fauteuil. Juste pour le fun.

Le ton si sérieux qu'elle avait mis dans cette dernière phrase fit éclater de rire Damian. Il leva les mains en signe de capitulation.

— OK, on ne touche pas au fauteuil. Je vous suis.

Elle hocha la tête sans répondre, libéra la gorge du jeune homme et ils partirent rejoindre les deux autres qui avaient disparu dans une petite boutique au coin de la rue.

Ils furent accueillis par des éclats de voix et des bruits de verre brisé qui n'auguraient rien de bon. Bettany se précipita à l'intérieur pour porter secours à… à qui, d'ailleurs, se demanda Damian ? Qui était cet homme qui l'accompagnait ? Un autre Régulateur ? Une proie récalcitrante ? Un homme lambda qui était là au mauvais endroit et au mauvais moment ?

La trouille lui tordit le ventre, mais il profita du chaos pour tenter de faire demi-tour et s'échapper de ce traquenard quand la voix de Bettany résonna :

— Ne vous avisez pas de sortir d'ici, vous n'irez pas bien loin.

Damian tenta quand même sa chance. Il fit tourner son fauteuil en un quart de seconde et se dirigea vers la rue, à peine à quelques mètres de lui. Il ne passa même pas le seuil de la boutique. Son pneu gauche s'effondra sur lui-même, le clouant sur place.

Il se mit à hurler de colère.

— On avait dit : pas le fauteuil !

— Désolée, on verra ça plus tard, je suis un peu occupée, là !

Bettany tentait de retenir un rayonnage menaçant de s'effondrer sur les deux hommes qui luttaient au sol. Christopher, assis sur le géant, les mains autour de son large cou, vociférait qu'il allait le tuer.

D'une main, la jeune femme attrapa une boîte de conserve et l'écrasa sur le crâne de Christopher. Dans la boutique, le silence se fit instantanément.

Wilson aspira une goulée d'air et se redressa en se massant la gorge.

— On aurait dû le laisser mourir, celui-là.

— Et c'est ce qu'il va se passer si tu ne viens pas m'aider à redresser ce truc très vite ! cria Bettany.

D'un coup d'épaule, Wilson rétablit l'équilibre de l'étagère. Bettany souffla de soulagement et se tourna vers Damian qui attendait toujours sagement devant la porte de la boutique.

— Je vous avais dit que vous n'iriez pas loin.

— Ça va, j'ai compris la leçon. Je ne bouge plus. Mais je peux savoir comment je vais faire maintenant, avec un pneu en moins ?

Le géant s'approcha de lui et lui mit une main sur l'épaule qui le fit sursauter.

— J'ai ce qu'il faut dans la remise. Bettany, répare tes conneries, s'il te plaît. En attendant, je crois que je vais devoir vous porter jusque-là…

Manquait plus que ça ! pensa Damian. Cela faisait des années que personne ne l'avait touché ou même effleuré et, en moins de cinq minutes, une main s'était posée sur son épaule et il allait devoir se blottir dans les bras de ce type, comme une vulgaire mariée le jour de ses noces ! Il fusilla du regard Bettany qui se dirigeait déjà vers la remise pour récupérer un pneu neuf.

— Va pour le portage de sac à patates. Mais je vous préviens, un faux mouvement et je vous mets mon poing dans la figure. Je suis paraplégique, pas manchot.

Wilson éclata de rire et glissa son bras sous les jambes de Damian. Une fois son paquet attrapé, le géant se dirigea vers le fond de la boutique.

— Ferme à clé derrière toi, Bettany. Il y a peu de chances que quelqu'un brave le couvre-feu avec cette tempête, mais autant prendre toutes les précautions possibles. Et tu amèneras ce type aussi.

Du menton, il indiqua Christopher, toujours inerte.

La jeune fille, tout juste revenue avec un pneu à la main, haussa les épaules.

— Je crois que tu vas devoir faire un aller-retour, parce que je ne me vois pas le porter jusqu'à l'atelier. À vue de nez, il doit faire trois fois mon poids.

— Traîne-le par les pieds et active-toi. On n'a pas beaucoup de temps.

— *Active-toi, Bettany, bouge tes fesses, Bettany,* singea la jeune fille avant de plonger brusquement le nez dans les roues du fauteuil sous le regard dur et froid de Wilson.

Le gérant se dirigea vers le fond du magasin et traversa un petit atelier que Damian identifia comme le lieu de travail de Bettany. Mais l'endroit était complètement retourné, bouteilles d'encre éventrées, papiers éparpillés. Et sur le fauteuil, un homme, visiblement mort, n'attendait de toute évidence plus de se faire tatouer. Damian tressaillit dans les bras du géant.

Wilson secoua la tête.

— Je sais ce que vous pensez, mais je n'ai pas pu intervenir avant. Si j'avais su que Bettany était… une Régulatrice, j'aurais empêché ça.

— C'est elle qui l'a tué ?

— Ouais. Pas plus haute que trois pommes, des muscles d'enfant sous-alimentée, mais une sacrée poigne !

Sur les lèvres de Wilson, un sourire flottait. Damian détourna le regard du corps tandis que Wilson ouvrait une petite porte au fond de la pièce.

— Vous êtes qui, au juste ? Un justicier masqué ?

Wilson n'eut pas le temps de répondre : Bettany entra dans l'atelier avec le fauteuil sur lequel elle avait assis Christopher. Tête pendante sur la poitrine, du sang gouttant de son front ouvert, l'homme semblait profondément endormi. Ou pire. Damian s'agita.

— Hé ! Vous avez mis ce mec à ma place, il va salir le coussin ! Regardez-le, il pisse le sang, il va en mettre partout ! Enlevez-le de là tout de suite et vous, posez-moi dans mon fauteuil !

Sans ménagement, Bettany poussa Christopher qui s'effondra au sol avec un bruit mat.

Wilson fronça les sourcils et grogna :

— Un peu de délicatesse, c'est trop te demander ? On va encore avoir besoin de lui, je te rappelle.

Elle haussa les épaules.

— Je n'ai pas confiance.

— C'est pas une raison pour l'achever. Quand il saura pourquoi il est là, il devrait se calmer.

Essuyant une trace de sang sur son accoudoir, Damian, qui avait retrouvé sa place, leva les yeux sur Wilson :

— Et quand est-ce que l'on saura pourquoi on est là ? Je veux bien qu'on ait toute la nuit pour parler, vu la tempête et le couvre-feu, mais je ne suis pas du genre patient, voyez...

— Encore quelques minutes et on vous expliquera tout ça, dit Wilson en chargeant Christopher sur son épaule.

En le voyant faire, Bettany éclata de rire.

— Et c'est toi qui me parles de délicatesse ? Regarde-moi ça : on dirait que tu as chargé un sac de riz !

Sans répondre, le géant ouvrit la petite porte qui donnait sur un couloir sombre et s'engouffra dans l'ombre.

Bettany se rapprocha de Damian et lui murmura à l'oreille :

— Je vais encore devoir vous aider, il y a quelques marches à descendre...

Pendant une seconde, Damian fut incapable de répondre. La bouche rouge de la jeune fille l'hypnotisait et la chaleur de son souffle sur sa peau lui fila la chair de poule.

Ignorant ce qui se passait dans l'esprit du jeune homme, Bettany saisit les poignées du fauteuil et entreprit de descendre les degrés en marche arrière, faisant rebondir les roues du fauteuil à chaque palier. Au bout du couloir, l'obscurité régnait, ce qui ne rassura pas le bibliothécaire. Dos à la descente, il ne voyait rien de ce qu'il se passait derrière lui. Seuls les pas de Wilson et le bruit des roues sur les marches perçaient le silence lugubre des lieux.

Un bruit soudain dans la boutique au-dessus d'eux lui fit lever la tête.

— Y a quelqu'un pour me donner un coup de main ? lança une voix.

— On attend encore beaucoup de monde, à votre petite fête ? demanda Damian.

Bettany le posa au pied de l'escalier et remonta en trombe sans lui répondre. Il pivota sur ses roues et fit face à Wilson qui, dans l'ombre, se débattait avec une seconde porte. Il parvint à l'ouvrir et alluma une lanterne à huile comme le jeune homme n'en avait croisé que dans les livres. L'appareil semblait sorti d'un autre siècle : rouillé, cabossé, il fonctionnait encore et baignait l'endroit d'une douce lueur dorée.

La pièce devait faire la même taille que la boutique. Aucune ouverture, des murs en pierres brutes et un sol de terre battue. Au centre, une table et cinq chaises, sur le mur gauche, une armoire en bois si miteuse qu'on avait l'impression qu'elle allait s'effondrer d'une minute à l'autre. À droite, des caisses en bois, fermées.

Wilson déposa Christopher sur la table et Damian le rejoignit d'un tour de roues.

— On est où, là ?

— Dans un endroit où personne ne viendra vous chercher.

Et le grand bonhomme le planta là, au beau milieu de la pièce froide et humide, pour rejoindre Bettany à l'étage.

# Chapitre 16

Tapie dans l'ombre, une silhouette dissimulée sous une large capuche observait la foule depuis un porche reculé.

Elle repéra vite l'homme qui remontait la marée humaine et se focalisa sur lui. Quiconque d'un peu sensé l'aurait immédiatement identifié comme un Régulateur : le menton relevé comme un défi lancé au monde entier, les mains dans les poches certainement pour dissimuler une arme et le regard rivé sur sa proie devant lui, tout identifiait le chasseur aux aguets.

La silhouette se déplaça afin d'ajuster son angle de vision tout en veillant à ne pas se faire repérer depuis la rue. Elle s'étonna que personne n'ait encore décelé le danger que cet homme représentait.

C'était un tueur lâché dans la nature.

Elle le vit remonter l'avenue en bousculant les gens sur son passage et se rapprocher d'une jeune fille en rollers. Sa proie était en vue, il fondait sur elle comme un aigle sur une souris.

Dans la main de la silhouette cachée dans l'ombre, l'écran de son téléphone clignotait. Un nom de sa liste était là, perdu dans la masse.

L'ombre grogna : elle devait décider si elle intervenait pour se débarrasser de son Régulé ou s'il était plus judicieux d'attendre que cet homme fasse son boulot sans attirer l'attention sur elle.

Sur son GPS, elle observa le point se déplacer. Sa proie se trouvait juste derrière le Régulateur qui venait de la dépasser sans lui jeter un regard. Peut-être que sans sortir de sa cachette, elle pourrait faire le job sans que personne ne s'en aperçoive. Elle aurait quitté la zone avant que le corps de sa victime touche le sol. La nuit était presque tombée, elle lui conférerait ainsi un camouflage supplémentaire.

La silhouette quitta alors sa cachette et se mêla à la cohue qui avançait comme un seul homme. La pluie lui tomba dessus dès qu'elle fit un pas.

Anonyme parmi les autres, elle suivit tranquillement le mouvement jusqu'à se tenir derrière sa future victime. Furtivement, elle vérifia la position de sa cible et, satisfaite, sortit un surin de sa poche. Dissimulée dans les plis de son manteau, la lame était invisible.

Soudain, devant elle, un mouvement de foule l'interpela : les gens se mirent à courir en tous sens, certains tombèrent sur la chaussée détrempée.

Le Régulateur était passé à l'action.

La silhouette tourna la tête vers sa cible, mais celle-ci courait et était déjà loin.

— Merde, grogna-t-elle.

La foule s'éparpilla, l'avenue se vida en un clin d'œil tandis que, devant, un combat singulier venait d'éclater. Elle avisa une ruelle sur sa droite et fonça s'y mettre à l'abri. Il était hors de question qu'elle soit prise dans l'action suicidaire de cet homme.

Dans le renfoncement d'un bâtiment, la silhouette contempla la scène surréaliste qui se jouait devant elle : deux hommes luttaient au corps à corps, une jeune fille se défendait au milieu du chaos et un troisième homme remontait l'avenue à toute vitesse.

Elle identifia rapidement le jeune homme en fauteuil roulant et se désola pour lui : il n'avait aucune chance d'en sortir vivant.

Puis tout cessa subitement. L'arrivée du troisième homme mit fin aux combats et, depuis son recoin, la silhouette les vit discuter avant de repartir tous ensemble. Tout juste s'ils n'étaient pas bras dessus, bras dessous. À part peut-être cet homme que le géant traînait par le col.

*Qu'est-ce que c'est que ce bordel ?* se demanda-t-elle. *On fait copain avec l'ennemi, maintenant ?*

Stupéfaite, elle les regarda s'engager dans une petite rue puis ils disparurent à sa vue. Sans attendre, elle s'engouffra à leur suite et les suivit à bonne distance jusqu'à ce qu'ils pénètrent dans une petite boutique. Masquée par la nuit et la pluie, la silhouette glissa jusqu'à la vitrine et les aperçut tandis qu'ils s'engageaient dans un couloir au fond du magasin.

Recroquevillée dans un coin, elle se posta en surveillance. Les minutes passèrent, le froid commença à lui engourdir les doigts, mais elle tint bon.

— Tiens, voilà encore des invités ! dit-elle en voyant une femme qui tenait un homme visiblement inanimé entrer dans la boutique.

La silhouette laissa encore passer un peu de temps, puis elle se décida à entrer à son tour.

— Que la fête commence, dit-elle en poussant la porte.

# Chapitre 17

Damian frissonna. Qui étaient ces gens, bon sang ? Et que lui voulaient-ils ? Il avait presque fini sa mission, il aurait pu retrouver sa petite vie monotone s'ils n'avaient pas débarqué. Comment allait-il faire, maintenant ? Les DIX n'étaient pas des plus commodes, tout le monde le savait. S'il ne finissait pas le job, les drones le chasseraient. Et le tueraient. C'était la règle. Immuable depuis des décennies.

Personne n'avait envie de mourir, mais ces gens avaient l'air d'avoir décidé pour lui. Impuissant, rivé à son fauteuil, il n'avait aucune échappatoire, piégé au fond de cette cave. Sa colère monta.

Dans l'escalier, des voix se firent entendre :

— Fallait qu'on tombe sur des dingues… ronchonnait Wilson.

— Si ta vie était en jeu, tu deviendrais fou, toi aussi.

La voix était inconnue à Damian. Féminine, douce et ferme à la fois.

Bettany intervint, agacée :

— Vous pouvez avancer, les vieux, s'il vous plaît ? Il pèse une tonne, ce gars.

Ils déboulèrent dans la cave, chacun tenant un bout du corps qu'ils venaient de descendre.

La nouvelle arrivée ne jeta pas un regard à Damian, rencogné dans l'angle de la pièce.

Le second homme inanimé rejoignit le premier sur la table qui émit un grincement sec. Le bois n'avait pas aimé le surplus de poids.

Wilson se tourna vers la nouvelle venue :

— Il ne reste plus qu'à attendre que ces deux-là se réveillent. C'est comment dehors ?

— Tout le monde est rentré à la maison. La tempête est violente et devrait durer quelques heures. Les drones sont à l'usine.

— Parfait ! Cela va nous laisser le temps d'avancer.

Il désigna le deuxième homme du menton :

— C'est un client du magasin. Tu l'as chopé où, celui-ci ?

La femme grimaça.

— C'est lui qui m'a trouvée. Il m'attendait chez moi.

Wilson ouvrit de grands yeux stupéfaits.

— Mais comment est-ce possible ? Tu ne l'avais pas identifié avant ?

— Je n'en sais rien. Il n'y avait aucun signal à proximité de mon appartement quand j'ai quitté le bureau. Tous étaient à distance raisonnable. Impossible de couvrir le chemin jusque chez moi en si peu de temps. Ce type va me devoir des explications.

Bettany sautilla de joie :

— Eh bien, réveillons-le maintenant ! Avant que l'autre n'ouvre un œil et nous saute encore à la gorge.

La nouvelle se pencha sur Christopher et sourit.

— C'est un ouvrier de réparation des drones. On dirait qu'il vous a donné du fil à retordre.

— Il a démonté mon magasin, oui ! Un enragé. Je ne suis pas pressé qu'il revienne à lui.

— C'est drôle, je n'aurais pas misé sur lui. Il est plutôt du genre à se cacher derrière une chaise en espérant qu'on ne le voit pas plutôt que de foncer dans le tas. La nature humaine me surprendra toujours.

Enfin, la femme sembla s'apercevoir de la présence de Damian.

— Et vous, vous êtes qui ?

Damian les regarda à tour de rôle avant d'exploser de rire :

— Alors ça, c'est la meilleure ! Vous m'avez pratiquement kidnappé, emmené ici sans rien me dire, crevé les pneus de mon fauteuil, trimballé comme une serpillière et vous ne savez même pas qui je suis, à part l'autre gamine avec ses cheveux de toutes les couleurs ? Vous êtes tous complètement cinglés !

Wilson haussa les épaules avant de répondre :

— Tu es sur la liste de Bettany et tu n'es pas une proie puisque tu as essayé de tuer ce type, dit-il en levant le menton en direction du corps toujours inanimé de Christopher. Ça nous suffisait jusque-là. Nous, on sait qui tu es. Pas elle. Alors sois gentil, tu te présentes et ensuite, tu la boucles.

Du fond de la pièce, une voix se fit entendre. Douce, calme.

— C'est le bibliothécaire. Damian Walsh.

Le groupe se retourna d'un bloc. La femme qui venait de parler se tenait nonchalamment appuyée au chambranle de la porte et les regardait d'un œil malicieux, mais ses muscles tendus n'auguraient pas une visite de courtoisie.

Wilson attrapa une barre de fer, Bettany recula contre le mur. La tension dans la pièce était montée d'un cran.

— En voilà une belle surprise, madame Morton ! Vous êtes venue me délivrer de cette bande de dégénérés ?

Damian, heureux de voir enfin un visage connu, contourna Wilson et l'autre femme pour s'approcher d'Abigail qui resta muette. Rien n'indiquait dans son attitude qu'elle était ici pour l'aider, mais il décida de passer outre les signaux d'avertissement que lui envoyait son cerveau et se posta devant elle.

Dans la pièce, plus personne ne bougeait ni ne parlait, chacun se toisait, attendant le premier geste qui déclencherait un combat à l'issue incertaine.

Damian se sentit pris entre deux feux, sans savoir lequel était le plus brûlant. Il continua à se rapprocher d'Abigail quand celle-ci leva la main, lui intimant l'ordre de s'arrêter là où il était. Le ton était donné.

— Va falloir m'expliquer ce que c'est que ce bordel, maintenant.

Sa voix était toujours aussi douce, mais son regard froid trahissait ses véritables intentions.

Wilson fronça les sourcils.

— En quel honneur ? Vous débarquez ici, chez moi, ce serait donc à nous de vous poser des questions.

— Commencez par poser cette barre de fer. Vous risquez de vous faire mal. Expliquez-moi donc pourquoi vous kidnappez des gens en pleine tempête et en pleine Régulation.

— Comment vous nous avez trouvés ? demanda Wilson.

— On ne peut pas dire que vous soyez très discrets. Attaquer en pleine foule, c'est pas la meilleure idée que vous ayez eue. Il m'a suffi de vous pister jusqu'ici, vous n'avez même pas jeté un regard en arrière pour voir si vous étiez suivis. Pas très prudent, je dirais. La menace ne vient pas que du ciel, vous savez.

Wilson se mit à rire. La jeune femme devait faire deux têtes et cinquante kilos de moins que lui, ses mains étaient vides et elle osait le défier ?

— J'en ai maté des plus rebelles que vous. Alors, on s'assoit et on discute ou on se tape dessus tout de suite ?

Un voile sombre passa sur le visage d'Abigail. Derrière ses prunelles vertes, on voyait le doute qui l'assaillait. Puis elle se détendit d'un coup, entra dans la pièce et attrapa une chaise. Elle désigna un autre siège à Wilson et lui dit :

— Commençons par discuter, mais je n'hésiterai pas à vous faire la peau si vos explications ne me conviennent pas.

Lentement, elle posa devant elle un couteau à la lame encore tachée de sang, qui n'impressionna pas outre mesure Wilson, pas plus que la femme en tailleur à ses côtés, dont Damian ignorait toujours le nom et le rôle dans toute cette affaire.

Sur la table, un des corps commença à s'agiter. Un grognement se fit entendre avant que la tête de Jack n'émerge. Hébété, il regarda autour de lui et entreprit de s'asseoir. Il massa sa mâchoire endolorie. Wilson s'approcha et l'aida à se relever sans tomber. Lorsqu'il le reconnut, Jack s'accrocha à lui comme à une bouée de sauvetage.

— Wilson…

— Allez-y doucement, Jack, vous avez reçu un sacré coup sur la tête.

— Oui, elle ne m'a pas loupé, la garce.

— La garce vous a épargné alors qu'elle aurait pu vous achever facilement, répondit Élisabeth.

Jack se tourna vers elle et la foudroya du regard.

— Vous.

Élisabeth lui sourit.

— Bonjour Jack. Contente que vous soyez parmi nous.

— Je ne sais pas trop si je dois me réjouir… Pourquoi ne m'avez-vous pas tué ?

Abigail toussa pour attirer l'attention. Élisabeth se tourna vers elle et alla s'asseoir – sans répondre à Jack, qui restait chancelant – aux côtés de Wilson.

Le regard planté dans celui d'Abigail, elle dit à Wilson :

— Réveille la deuxième belle au bois dormant. On n'a pas de temps à perdre.

Bettina rejoignit Damian resté dans l'encadrement de la porte. Elle se pencha vers lui et lui souffla à l'oreille :

— On ne dirait pas qu'elles vont se sauter à la gorge, les deux nanas ?

— Carrément. Elles font flipper ! C'est qui, votre copine ?

— Elle ? C'est Élisabeth Robert. Avec Wilson, ils sont les deux à l'origine de…

Bettany s'interrompit soudainement en voyant la mine sévère de Wilson. Il hocha la tête pour lui intimer le silence.

La jeune fille pouffa.

— Oups, je crois qu'il va vous falloir attendre qu'elle prenne la parole. Faudrait pas lui piquer la vedette. Tu sais, je le connais depuis des années et jamais je ne l'aurais imaginée en rebelle. Pourtant, cet homme-là, c'est un guerrier sous un costume de nounours. Ne te fie pas à sa bouille de gentil. Il est capable du pire.

Wilson lui lança un regard noir.

— Tu vois, quand je te disais que c'était un guerrier ! Il va me tuer juste avec ses yeux, si je continue !

Bettany ponctua sa phrase d'un grand éclat de rire.

Damian sourit. Décidément, cette gamine lui plaisait beaucoup.

Au centre de la pièce, les deux femmes se jaugeaient toujours en silence, tandis que Wilson remuait Christopher pour le réveiller.

L'homme se leva d'un bond, poings serrés, prêt à se battre.

Wilson recula d'un pas.

— Tout doux, mon gars. On ne va rien te faire.

Christopher ne broncha pas, toujours sur ses gardes.

— Vous êtes qui, bordel ?

Élisabeth lâcha enfin Abigail des yeux et se tourna vers lui :

— Asseyez-vous. Nous allons tout vous expliquer.

Après un regard circulaire, Christopher s'appuya contre la table, sans desserrer les poings, toujours tendu.

— Je vous connais. Et je ne vous aime pas, madame Robert. Je vous écoute, vous avez intérêt à être persuasive.

Élisabeth soupira avant de se lancer dans les explications.

— Si nous avons bien fait les choses, hormis Wilson ici présent, vous êtes tous des Régulateurs. Et chacun de vous a déjà au moins tué un des noms de sa liste.

Personne ne moufta. Elle continua :

— Si vous êtes ici aujourd'hui, c'est parce que nous avons décidé, Wilson et moi, que cette Régulation devait cesser.

Christopher se mit à rire.

— Ah ouais ? Et vous comptez vous y prendre comment ? Tuer les DIX ?

Un sourire illumina le visage d'Élisabeth.

— Tout juste. Nous allons mettre un terme à tout ça et reprendre les rênes.

Christopher écarquilla les yeux.

— Je vous demande pardon ? Les DIX sont hors de portée, bien planqués dans leurs bunkers à des dizaines de mètres au-dessus de nous.

— Eh bien, nous allons leur rendre visite.

— Vous êtes complètement dingues, souffla Damian, il n'y a aucune entrée dans ce mur. Ils sont intouchables.

— Ils l'étaient jusqu'à ce qu'on découvre ceci. Wilson, montre-leur, s'il te plaît...

Le géant s'approcha de l'armoire branlante et en sortit un rouleau de papier jauni qui menaçait de tomber en poussière. Il le déroula sur la table entre les deux femmes et posa deux poids de chaque côté pour éviter qu'il ne s'enroule sur lui-même. Sur le papier, un plan était dessiné. Jack et Damian s'approchèrent, tandis que Christopher restait à distance, enfermé dans sa méfiance.

Élisabeth pointa du doigt un petit rectangle :

— Nous sommes ici. Derrière ce mur, se trouve le seul couloir qui mène à un escalier. En haut des marches, le niveau où vivent les DIX. Personne n'est passé par là depuis des siècles. Pas même ceux qui vivent en haut de l'enceinte.

Damian leva les yeux vers la cloison censée déboucher sur ce couloir. Il n'y vit que du béton brut recouvert de chaux grise.

— Il faut donc percer ce mur, monter les escaliers et débarquer là-haut en leur disant qu'on a décidé de tout arrêter ?

Le ton sarcastique n'échappa pas à Élisabeth, qui fit un signe de tête à Wilson. Tel un soldat bien discipliné, il s'approcha une nouvelle fois de l'armoire, mais cette fois, au lieu de l'ouvrir et en sortir un nouveau trésor, il la déplaça et fit apparaître une ouverture dans le ciment.

— Merde, alors ! s'exclama Jack en s'approchant du trou béant. Comment vous avez trouvé ça ?

Ce fut Wilson qui prit la parole :

— Ma femme a été une des victimes de la Régulation. Tuée par son propre frère. Qui s'est donné la mort juste après. En fouillant dans les affaires de mon beau-frère, j'ai trouvé des carnets, si vieux que l'encre s'était parfois effacée et que le texte en devenait illisible. Je doute qu'il les ait lus un jour. Sinon, il n'aurait pas tué sa propre sœur. Ces carnets ont été écrits par des générations de femmes, chacune léguant à la suivante un héritage que personne ne devait connaître. L'histoire de notre société depuis qu'elle est enfermée entre ces murs. Les plans de l'enceinte. Et un souhait : celui de détrôner les DIX et de redonner aux gens la possibilité de choisir leur vie.

— Pourtant, s'exclama Jack, lors de notre dernière discussion, vous aviez l'air de soutenir ce gouvernement fantoche ! Vous aviez dit qu'il ne fallait pas sortir, que les DIX étaient là pour nous protéger… Je ne comprends plus rien.

— Il y a des drones partout. Ils nous observent et nous écoutent. Je ne vous connais pas, Jack, vous n'êtes qu'un client comme les autres. Vous croyez que j'ai envie de mourir en affichant clairement mes positions ou en attirant l'attention sur moi ? Je devais faire profil bas. Jusqu'à aujourd'hui.

Christopher ricana :

— Vous voulez vous emparer du pouvoir ? Changer le monde ? C'est plutôt un suicide collectif, à mon avis.

Élisabeth se tourna vers lui, le regard noir.

— Vous voulez qu'on aille au bout de cette Régulation ? Vous pensez que vous serez le grand gagnant de cette affaire ? Mais qu'est-ce que vous savez de l'issue de ce massacre ? Est-ce que vous avez jamais croisé un survivant ?

Il haussa les épaules.

— C'est écrit dans les lois : le vainqueur de la Régulation devra garder le silence absolu s'il ne veut pas finir au compost.

— Il n'y a jamais eu de vainqueur de la Régulation.

— Comment vous pouvez le savoir ?

Wilson s'approcha de lui et tendit un des carnets :

— Une des femmes qui a écrit ces lignes a travaillé au compost durant trois Régulations. Elle a compté les corps. Chaque fois, elle a eu le compte exact. Un nombre pair. Pas impair comme cela aurait dû être. Et toujours un dernier corps après l'annonce de la fin de la Régulation.

Le géant posa un doigt sur le texte en pattes de mouche et le suivit en lisant à voix haute :

— « *Aujourd'hui, j'ai eu le trente-deuxième corps. Celui qui a dû finir dernier de cette mascarade. Trente-deux âmes sacrifiées alors même qu'on avait promis la vie au vainqueur.* »

Christopher repoussa les feuilles jaunies par le temps d'une main rageuse.

— C'est que des conneries. Vous pensez vraiment qu'ils font ça pour s'amuser ? Ils maintiennent un nombre constant pour qu'on puisse survivre à ce merdier ! Sans ça, combien on serait, ici ? Combien mourraient de faim avant même de fêter leur premier anniversaire ? Vous ne voyez donc pas ce qu'ils essaient de faire ? Ils nous sauvent la vie !

Il se tourna alors vers les autres et hurla :

— Et vous, vous allez les laisser faire ? Qu'est-ce qui va arriver si ces abrutis réussissent leur coup ? Je vais vous le dire : on va tous mourir. De faim, de surpopulation, de guerre. Oui, de guerre ! Parce que ceux qui n'ont rien voudront ce que les autres ont. Et ceux qui ont tout ne se laisseront pas faire. C'est ce qu'on nous a appris à l'école ! La cause de l'effondrement des sociétés ! La fin du monde !

Planté au centre de la pièce, il attendait une réaction qui ne vint pas.

Soudain, il se mit à hurler et attrapa une chaise qu'il brisa sur le crâne de Wilson. Le géant tomba à terre, sans connaissance.

Tétanisé, Damian le vit s'emparer du couteau qu'Abigail avait posé sur la table sans que personne n'ait eu le temps de faire un geste pour l'arrêter. Puis il se précipita sur Élisabeth, lame en avant, avec la ferme intention de la tuer. Son cri continuait de retentir entre les murs de la cave, assourdissant.

La jeune femme leva les bras dans un geste désespéré tandis que Christopher fondait sur elle à toute vitesse. Mais sa main s'arrêta à quelques centimètres de la gorge d'Élisabeth, retenue par la poigne de Jack.

Christopher balança son poing dans la mâchoire de son adversaire qui vacilla un instant avant de se reprendre.

Son coude riposta dans l'estomac de Christopher qui se tordit en avant sans lâcher sa prise sur le manche du couteau.

Abigail sortit alors de sa torpeur et entra dans la mêlée. Les trois corps luttèrent, les coups s'enchaînèrent, le sang coula. Et le couteau tomba au sol sans qu'aucun des combattants ne s'en rende compte.

Bettany, qui s'était précipitée auprès de Wilson, s'empara alors de l'arme. Damian la vit se relever, aussi rigide qu'une statue, faire trois pas en avant pour n'être plus qu'à une encablure du combat. Pendant ce temps, Christopher, l'arcade en sang et le visage déformé par la haine, criait sans cesser de jeter les poings en avant :

— Je ne vous laisserai pas faire ! Vous ne toucherez pas à Évangéline ! Je vous tuerai tous ! Je serai le dernier, elle sera fière de moi !

Ce furent ses derniers mots : la jeune fille l'attrapa par les cheveux, planta la lame entre ses côtes et le laissa s'écrouler au sol comme une vieille serpillière.

Le silence tomba d'un coup dans la pièce, à peine entrecoupé par les respirations haletantes d'Abigail et Jack.

Christopher, dans une mare de sang, leur jeta un dernier regard et mourut en murmurant :

— Évangéline…

# Chapitre 18

Bettany regardait le corps ensanglanté sans faire le moindre mouvement. Dans la pièce, un silence de mort s'était abattu et s'éternisa jusqu'à ce qu'Abigail reprenne les choses en main. Elle enleva sa veste, recouvrit le visage de Christopher avant de se tourner vers la jeune fille et de l'accompagner jusqu'à une chaise où elle la laissa choir. Bettany était livide, ses mains tremblaient et des larmes silencieuses dégoulinaient sur ses joues.

Jack aida à son tour Élisabeth à se relever. Le tailleur de la jeune femme était recouvert de poussière et ses cheveux se dressaient en tous sens. Elle n'avait plus rien de la femme assurée et raffinée qui était entrée quelques minutes auparavant. Elle aussi tremblait, sous le choc.

Damian n'avait pas bougé. Il avait assisté à la scène de loin, horrifié, impuissant face à cette déferlante de violence.

Wilson gisait toujours au sol, une flaque de sang sous la tête. Était-il mort ou bien juste inconscient ? Le bibliothécaire n'en avait aucune idée. De là où il était, il n'arrivait pas à voir si la poitrine de l'homme se soulevait, si sa peau virait au livide ou non. Jack jeta un coup d'œil au gamin cloué dans son fauteuil puis se dirigea vers le géant tombé au combat, comme s'il avait lu dans les pensées de Damian. D'un geste doux, il posa deux doigts sur la carotide de Wilson puis le secoua légèrement. Le géant grogna avant de se relever péniblement.

Jack lança un clin d'œil à Damian et lui sourit :

— Il s'en sortira.

Wilson attrapa la main tendue de Jack et se mit sur ses pieds en vacillant légèrement.

— La vache, il n'y est pas allé de main morte ! dit-il en se frottant le crâne. Il est où, cet abruti, que je lui rende la monnaie de sa...

Sa voix mourut en apercevant le cadavre au milieu de la salle. Il soupira.

— Pourquoi faut-il à chaque fois que ça tourne mal ? Est-ce que tout le monde va bien, sinon ?

— On est un peu sous le choc, mais ça va. Rien de cassé, lui répondit Élisabeth.

Abigail se leva.

— Parlez pour vous. La gosse n'est pas au mieux de sa forme.

Une main protectrice sur l'épaule de la jeune fille, Abigail fusillait du regard Élisabeth.

— Vous êtes personnellement responsable de ce gâchis. Quelle idée vous est passée par la tête en rassemblant tout ce monde ici, sans les prévenir de ce que vous comptiez faire ?

Élisabeth baissa la tête.

— Nous n'avions pas le temps de vous approcher un par un. Et l'heure continue de tourner.

— Élisabeth a raison, nous n'avons pas le temps, dit Wilson en se massant la nuque. Nous n'aurons pas d'autre opportunité comme celle-là.

Abigail les fixa, bras croisés sur la poitrine, sans pour autant s'éloigner de Bettany qui n'avait toujours pas fait un geste, prostrée face au corps qu'elle ne quittait pas des yeux.

— Une opportunité pour faire quoi ? Parce que je n'ai pas bien compris votre plan, en fait.

Élisabeth contourna la table et alla s'asseoir loin du corps de Christopher. Elle passa une main dans ses cheveux ébouriffés et soupira.

— Nous allons monter et nous confronter aux DIX. Soit ils se rendent et on reprend les rênes, soit...

— Vous les tuez, c'est ça ?

Le sarcasme teintait les mots d'Abigail, mais cela n'ébranla pas Élisabeth.

Elle se redressa et lança un regard noir à la jeune femme.

— Oui. Nous les tuerons.

— Savez-vous au moins combien ils sont, là-haut ? Quels sont leurs moyens de défense ? Ils sont enfermés dans cette enceinte depuis des décennies. D'autres ont dû essayer avant vous, vous ne croyez pas ?

Wilson se rapprocha des deux femmes.

— Oui, d'autres ont tenté de s'opposer à ce régime qui nous asphyxie depuis des siècles. Aucun n'a réussi, pour plusieurs raisons : manque de discrétion, précipitation et surtout, personne ne connaissait ce passage. C'est moi qui l'ai trouvé. Ce couloir est le seul moyen de monter, si l'on en croit ces plans.

Il pointa du menton les feuilles jaunies étalées sur la table devant lui. Abigail fronça les sourcils et se pencha au-dessus des cartes délavées.

— Et après, on fait quoi ? On prend le contrôle, d'accord, mais ensuite ?

— Nous ne le savons pas encore, répondit Wilson. Une chose après l'autre. Peut-être que nous créerons une démocratie, que nous mettrons en place un vrai gouvernement, élu par les gens de la Cité. Ça s'est déjà fait auparavant !

Abigail maugréa.

— Ouais, moi aussi je l'ai lu dans des livres. Je crois d'ailleurs que ça n'a pas très bien marché...

— Écoutez, nous ne savons pas ce qui nous attend, c'est vrai. On ne sait pas non plus ce que nous ferons après, si toutefois nous redescendons entiers, mais nous devons tenter notre chance. La tempête est notre meilleur atout, elle les rend aveugle pendant un bon moment. Vous êtes aussi un atout ! Élisabeth et moi ne pouvons rien faire seuls. Mais ensemble...

Après un moment de silence, Abigail se tourna vers Damian et Bettany et leur lança :

— Vous êtes prêts à faire ça, les jeunes ? C'est un aller sans retour qu'ils vous proposent.

Bettany, le regard toujours vide, secoua la tête puis attrapa la main de Damian avant de répondre. Son regard retrouva toute sa clarté au contact de la peau du garçon.

— Oui. Je suis prête.

Puis elle se tourna vers Damian qui fixait, ahuri, sa main dans la sienne. Bettany lui sourit. Mais le jeune homme se renfrogna. Il pointa un doigt vers les roues de son fauteuil.

— Je vous aurais bien accompagnés, mais il va y avoir comme un problème…

— Merde, souffla Wilson, c'est effectivement un détail de poids.

— Vous n'allez en effet pas pouvoir nous suivre… répondit Élisabeth. À moins que…

Wilson s'insurgea avant même qu'elle ait fini sa phrase.

— Il est hors de question que je le porte sur mon dos !

— Vous m'avez pris pour un sac à patates encore une fois ? Je vais vous attendre sagement ici et garder l'entrée, au cas où quelqu'un débarque.

Damian n'avait pas l'intention d'être un boulet pour qui que ce soit et encore moins d'être accroché au dos de Wilson comme une poupée de chiffon, à la merci de tout ce qui pouvait débarquer derrière eux à leur insu. En même temps, son cœur saignait à l'idée de rester dans cette cave humide à attendre leur retour sans rien faire. Son infirmité lui pesait encore plus que d'ordinaire.

Mais face à lui, Élisabeth continuait de sourire. Damian fronça les sourcils en attendant la suite.

— J'avais bien identifié ce… détail, Damian. J'ai donc un autre rôle à vous proposer, si vous le voulez bien. Mais ça risque d'être dangereux.

Le sourcils du jeune homme continuèrent à se froncer, mais dans ses yeux, une lueur nouvelle venait de s'allumer.

— Nous aurons peut-être besoin de vous au poste de contrôle. Vous vous y connaissez un peu en piratage d'ordinateur ?

Damian sourit à son tour.

— Vous voulez savoir si j'ai lu les manuels interdits avant de les détruire ? Plutôt deux fois qu'une, oui ! Mon prédécesseur en avait toute une pile cachée dans le mur du fond de la réserve. Ils y sont toujours d'ailleurs...

— Je sais. C'est mon père qui les y a mis alors qu'il occupait votre place, Damian. Il a toujours dit que c'était un peu la mémoire de ce que nous avions été, avant... tout ça.

— Oh. (Damian venait de comprendre.) Alors tout ça est planifié depuis des années, c'est ça ?

Wilson se rapprocha d'Élisabeth et tous deux acquiescèrent.

— Depuis très longtemps. Vous n'étiez pas encore né. Il nous fallait mettre les choses au point avant d'engager une quelconque action.

— Et nous perdons beaucoup trop de temps, coupa Élisabeth. Damian, voulez-vous être notre pion de sauvegarde au poste de contrôle ?

— Oui. Je peux le faire.

— Alors c'est réglé.

Elle lui tendit son badge de sécurité et une petite clé.

— Entrez dans le bâtiment et montez au troisième niveau. Au fond du couloir, à gauche, il y a un bureau avec un ordinateur. Je suis la seule à y avoir accès avec ce badge. Gardez votre téléphone près de vous. Je vous enverrai les instructions au fur et à mesure. Vous ne devriez rencontrer personne à cette heure-là, mais au cas où...

Élisabeth attrapa le pistolet sur la table et le tendit au jeune homme. Il le prit en main, le soupesa puis déclara d'un ton froid.

— Je n'ai aucune idée de la façon dont fonctionne ce truc...

Une main attrapa soudain l'arme et la rangea dans sa ceinture.

— Je viens avec toi.

Le ton de Bettany était sans appel. Elle posa la main sur l'épaule du garçon et planta son regard dans celui de Wilson, comme pour le défier de lui interdire d'y aller. Mais le géant, malgré la tristesse qui voila ses traits un instant, ne dit rien. L'affaire était conclue pour tout le monde. Wilson tendit les bras vers Damian pour le porter en haut des escaliers et Jack s'empara du fauteuil.

Les adieux furent brefs. À peine un effleurement de la main et un signe de tête.

Lorsque les deux adolescents disparurent à l'étage, Abigail, restée en retrait, frappa subitement dans ses mains.

— Bien, maintenant que tout est réglé, allons donc casser du DIX !

Elle ramassa le couteau toujours dans la mare de sang, l'essuya sur un coin de son tee-shirt et se dirigea vers le trou béant dans le mur de béton.

Elle n'avait pas fait deux pas qu'Élisabeth l'interpelait :

— Attendez ! Nous avons encore un détail à régler avant de nous lancer.

Elle se leva et fit face à Jack, resté en retrait depuis la mort de Christopher.

— Je voudrais savoir comment vous avez berné la localisation de votre téléphone. Quand je suis partie du travail, vous étiez chez vous et vous n'aviez pas le temps de rejoindre mon domicile. Alors ? Comment avez-vous fait ?

Jack sourit.

— Je savais que la tempête allait clouer les drones au sol, j'ai tout simplement laissé mon téléphone chez moi. Lorsque vous avez piraté l'application, j'étais déjà chez vous, à vous attendre.

— Ce n'est pas loyal, s'insurgea Élisabeth.

Jack leva les mains.

— Je plaide coupable ! Mais j'ai saisi une opportunité. Vous avez bien piraté un ordinateur !

— Brillant, répondit Wilson. Mais dangereux. Si un drone était passé quand même, vous seriez mort.

— C'était un risque à prendre. Et il faut croire que j'ai bien fait, non ? Sinon, je n'aurais pas été invité à votre petite sauterie. Bien, maintenant que ce point est éclairci, on y va ?

Il rejoignit Abigail, déjà sur le seuil du passage, et Wilson vint se placer en tête du groupe

Un pas en avant et ils plongèrent tous dans le noir.

# Chapitre 19

La tempête continuait de faire rage dehors. La pluie s'abattait par trombes, le vent mugissait entre les bâtiments et l'eau s'engouffrait sous les portes fermées comme autant de rivières prêtes à tout noyer sur leur passage. Des morceaux de tôle arrachés aux toits malmenés rebondissaient sur la chaussée, quand ils ne volaient pas dans l'air saturé d'humidité. Quiconque se serait trouvé sur leur passage aurait perdu un membre ou aurait fini coupé en deux sur la route, son sang aussitôt emporté par les flots.

Cette tempête était d'une violence peu commune. Les habitants de la Cité, calfeutrés chez eux, connaissaient bien ces phénomènes climatiques qui s'abattaient régulièrement sur la ville, mais cette fois, ils avaient peur. Les bâtiments grinçaient, les toits se soulevaient. D'ordinaire, les murs de l'enclave les protégeaient par leur hauteur des vents violents, mais pas cette nuit. Les bourrasques étaient descendues en tournoyant, arrachant tout ce qu'elles pouvaient sur leur passage. La Cité était vieille et mal entretenue, elle ne tiendrait pas longtemps face à ce déchaînement de la nature.

Sur le seuil de la boutique, les deux adolescents prenaient enfin la mesure de ce qui les attendait. Si la tempête les épargnait, il n'en irait peut-être pas de même à l'abri du poste de sécurité.

Les doigts de Bettany se serrèrent sur les poignées du fauteuil à s'en faire blanchir les articulations.

La nuit était profonde, tout juste illuminée par les flashs aveuglants des éclairs qui zébraient le ciel.

La jeune fille était transie de peur. Dans le fauteuil, son compagnon n'en menait pas large non plus. Ses mains tremblantes cachées sous la couverture qui lui couvrait les genoux, il déglutit avec peine avant de lancer d'une voix blanche :

— Allons-y.

Bettany ne répondit rien, elle savait que sa voix la trahirait.

Elle ouvrit la porte et le vacarme assourdissant les figea un instant. C'est comme si la terre entière s'était mise à hurler dans une langue qu'ils ne comprenaient pas. Le ciel déversait des torrents d'eau et il régnait dans l'air comme une odeur de brûlé à chaque fois qu'un éclair éclatait.

La jeune fille inspira profondément avant de trouver le courage d'affronter le déluge et, sans prévenir, se mit à courir, poussant le fauteuil devant elle comme une forcenée.

La pluie les trempa en deux secondes et ils ne firent pas trois mètres avant de ne plus rien voir devant eux. L'eau montait jusqu'à la moitié des roues du fauteuil. Les deux jeunes fendaient les eaux, projetant des gerbes autour d'eux.

— Ralentis, Bettany ! cria Damian.

Ses cris furent couverts par la tempête et Bettany continua à foncer droit devant elle.

Ses pieds glissaient sur la chaussée détrempée, les roues du fauteuil patinaient, l'eau s'infiltrait sous ses paupières à demi closes. Puis Damian sentit qu'elle perdait le contrôle.

Il pencha dangereusement à droite, tenta de compenser avec son poids, mais voyant qu'il n'y avait rien à faire, son corps se raidit, prêt pour une chute inexorable. Il hurla. Cette fois, Bettany entendit le rugissement du garçon et réagit aussi vite qu'elle le put. Le fauteuil, en équilibre précaire, tournoya sur lui-même avant de partir en arrière puis, par un miracle inespéré, se stabilisa tandis que la jeune fille s'affalait dans l'eau.

Elle se releva en toussant et se précipita vers Damian.

— Ça va ?

L'adolescent hocha la tête, incapable de prononcer un mot. Puis ses yeux s'arrêtèrent sur le visage de la jeune fille qui dégoulinait d'un sang déjà dilué par la pluie.

— Tu es blessée !

— Une égratignure... Je suis désolée, j'aurais pu te tuer !

Elle s'égosillait pour couvrir le vacarme du vent, mais sa voix était celle d'une petite fille apeurée. Damian attrapa sa main et la serra fort contre lui.

— Je suis vivant et toi aussi. Le poste de sécurité n'est pas si loin que ça, on va y arriver. Mais j'ai une faveur à te demander...

Elle essuya son visage plein d'eau et de sang et le regarda, au bord des larmes.

— Tout ce que tu veux, Damian.

— Je sais que nous sommes pressés, qu'on ne doit pas nous voir. Mais par pitié... Arrête de courir !

Son rire fut la plus belle chose que le garçon entendit durant cette journée.

— Je crois que même si je le voulais, je ne pourrais pas garder le rythme, dit-elle en retrouvant son sérieux. J'ai bien peur de m'être fait mal à la cheville en tombant, ce qui résoudra le problème ! Allez, en route.

Elle ne lui laissa pas le temps de répondre et reprit le fauteuil en main.

Devant eux, la rue était encore plus sombre. Bettany les dirigea tout doucement vers le croisement avec la rue principale qui les mènerait au poste de contrôle. Elle évita soigneusement les déchets qui flottaient à la surface et même ceux dissimulés sous l'eau. Parfois, Damian l'entendait jurer ou grogner de douleur et il s'en voulait encore plus d'être ce poids mort qui l'encombrait.

Il se jura qu'une fois à l'abri des murs du poste de sécurité, elle n'aurait plus à se soucier de lui. Il la protégerait à son tour. Comment ? Il n'en avait aucune idée, mais il lui devait bien ça.

Alors qu'ils s'apprêtaient à tourner l'angle de la rue principale, une silhouette encapuchonnée traversa la chaussée en courant. Elle dérapa, rétablit son équilibre de justesse, puis repartit aussi vite qu'elle était arrivée. Dans l'ombre de la rue, Bettany stoppa net son avancée et retint sa respiration jusqu'à la disparition de la silhouette.

— Bon sang, c'était qui ? souffla Damian.

— Aucune idée. On dirait que nous ne sommes pas les seuls à braver les interdits, ce soir.

— Tu crois qu'il s'apprêtait à faire un truc… illégal lui aussi ?

— En tout cas, il n'avait rien à faire dehors à cette heure. Qui sait ce qui se passe quand les drones ne sont pas là ?

— Ce qui est sûr, c'est qu'il ne nous a pas vus. Et je ne sais pas pourquoi, mais je préfère ça ! Avançons, tu veux ? Nous ne devons pas rester à découvert plus longtemps.

Bettany reprit sa progression et tourna dans la longue avenue qui menait à leur destination. Elle eut l'impression que la pluie tombait moins fort ici, que les hurlements du vent se transformaient en gémissements. La progression des deux adolescents en était moins pénible, pour autant, la jeune fille n'accéléra pas.

Au-dessus de leurs têtes, ils sentaient la présence des écrans éteints qui parsemaient tous les murs de la Cité. Damian ne pouvait s'empêcher de lever les yeux à chaque coin de rue sur ces téléviseurs géants. Il s'attendait à les voir s'allumer à chaque instant, le regard d'Évangéline rivé sur eux, un soupçon de colère au fond des pupilles. Rien de tout cela ne se produisit et ils arrivèrent devant le haut bâtiment de sécurité sans encombre, sous un tonnerre qui redoublait d'intensité.

S'ils avaient regardé derrière eux tout au long de leur parcours, ils auraient pu voir qu'au-dessus de chaque écran qu'ils avaient croisé, une diode rouge s'était allumée, tel un œil qui les surveillait.

Les DIX savaient. Qui ils étaient. Où ils se trouvaient. Et ils les attendaient.

# Chapitre 20

Les marches n'en finissaient pas de monter dans les entrailles du mur d'enceinte. Haut de deux cent cinquante mètres, personne n'en connaissait l'épaisseur. Hormis les DIX, aucun habitant de la Cité ne savait à quoi ressemblait cette muraille vue d'en haut. Ni même ce qu'il y avait de l'autre côté. Abigail n'en connaissait que quelques images, découvertes grâce à son emploi à la sécurité extérieure. Les drones affectés à la surveillance extérieure ne dépassaient pas les dix mètres autour du périmètre du mur et leur caméra était pointée vers le sol, ne donnant à voir que la base de la paroi abrupte. Ils n'étaient là que pour vérifier si les remparts n'étaient pas dégradés par le temps, les intempéries, ou quelques bêtes féroces qui auraient décidé de creuser sous les fondations pour venir dévorer les habitants.

Du moins, c'est ce que les DIX racontaient à chaque recrue affectée à ce poste. Abigail, comme les centaines d'autres agents, n'avait jamais remis en doute leurs propos. Jusqu'à aujourd'hui.

Vingt-quatre heures plus tôt, elle se lovait dans les bras de son mari, sa vie était encore normale, tracée par ceux qui les « protégeaient » depuis des décennies. Les questions n'avaient pas lieu d'être, tout avait une explication.

Aujourd'hui, elle avait tué son époux, bravé les lois qu'elle avait toujours respectées, et suivait une bande d'illuminés résolus à faire un coup d'État en empruntant un étroit couloir qui n'en finissait pas. Dans sa tête régnait la même tempête qu'à l'extérieur. Ses pensées s'envolaient en tous sens. Un instant, elle voulait faire demi-tour et sortir d'ici au plus vite puis, la seconde d'après, elle accélérait le pas, bien décidée à être celle qui mènerait le groupe au combat. Elle avait envie de pleurer son mari, mais ressentait ensuite une ivresse de liberté qui lui était jusque-là inconnue. Elle avait l'impression de s'être perdue depuis le texto de la Régulation.

À quelques pas derrière elle, Jack ruminait les mêmes pensées. Lui qui avait toujours été un homme effacé et discret, solitaire, qui n'aurait pas fait de mal à une mouche, n'avait pourtant pas hésité à tuer plusieurs personnes de sang-froid et à mettre son poing dans la figure d'un homme qu'il ne connaissait même pas. Et ce qui l'inquiétait le plus, c'est qu'il y avait pris du plaisir. À chaque fois. Qui était-il vraiment ? Un gentil petit prof ou une bête sauvage qui s'ignorait ? Il n'en avait aucune idée.

En tête de cortège, Wilson s'arrêta une seconde :

— Ça va ? Tout le monde suit ?

— On va encore grimper longtemps comme ça ? grogna Abigail.

— Si les plans sont corrects, nous devrions atteindre un premier palier dans quelques mètres.

— Et comme on ne voit pas plus loin que notre bras, on le saura quand on y sera, c'est ça ?

Wilson, sa lanterne oscillant dans la main, ne répondit pas. Les ombres dansantes lui donnaient un regard carnassier. Abigail baissa les yeux.

La troupe reprit sa progression en silence, un pas après l'autre, attentive à ne pas rater une marche. L'obscurité était dense et oppressante entre ces murs qui les écrasaient à mesure qu'ils montaient. La chaleur devenait étouffante, comme s'ils ne se dirigeaient pas vers le ciel, mais tout droit vers les entrailles de la terre.

Les parois de l'étroit couloir étaient restées à l'état brut : du béton craquelé par les ans, grisâtre, sans artifice. Cet endroit datait d'au moins trois siècles et pourtant, pas un grain de poussière ne recouvrait le sol ou les murs. Personne n'était passé ici depuis longtemps. Trop longtemps. Quelque part dans ce couloir, des mains avaient frôlé ces cloisons froides, des hommes étaient monté au sommet de l'enceinte pour s'y enfermer et ne jamais en redescendre.

Leurs pas résonnaient en cadence, seul bruit dans un silence de plomb, tandis qu'ils se faufilaient jusqu'au sommet. Dehors, la tempête faisait encore rage, mais ici, rien ne bougeait, hormis quatre personnes déterminées à en finir avec la Régulation.

Wilson souffrait depuis son altercation avec Christopher. Il avait l'impression que sa tête allait exploser et il avait dû se briser une côte en tombant. Pourtant, il continuait d'avancer, droit devant lui, sans montrer aucun signe de faiblesse. Il transpirait à peine plus que ses acolytes et l'ombre dissimulait ses traits tirés par la douleur.

La main tendue devant lui, il espérait que le palier indiqué sur les plans jaunis n'était plus qu'à quelques pas devant eux, pour qu'ils puissent faire une pause. Sauf si une mauvaise surprise les attendait là-haut. Wilson détestait l'inconnu. Sa vie avait toujours été programmée, planifiée à l'avance. Jusqu'à aujourd'hui où il filait tout droit dans un traquenard, sans préparation, sans savoir ce qu'ils allaient affronter. Son ventre se tordit d'anxiété. Derrière lui, il entendait le reste du groupe ahaner sous l'effort. Pourtant, personne ne se plaignait. Ils suivaient. Ils le suivaient, lui. Le poids de sa responsabilité vis-à-vis d'eux se fit plus lourd sur ses épaules. Un pied après l'autre, ils escaladaient ces escaliers, les uns derrière les autres comme des fourmis disciplinées.

Le grand bonhomme avait peur. Peur de ce qu'ils allaient trouver en haut. Peur de les mener à l'abattoir dans sa quête de justice. *Il y a des gosses dans cette équipe de bras cassés, bon sang !* Des gamins qu'il emmenait à la mort. Parce qu'il n'était pas dupe : au bout de cette nuit, tous ne reviendraient pas.

Une lumière blanche et crue illumina soudain le long couloir, les aveuglant subitement. Abigail manqua une marche et s'affala sur Élisabeth devant elle, qui se mit à jurer.

Une fois qu'ils se furent habitués à la luminosité, ils levèrent les yeux et découvrirent face à eux une porte en acier brillant comme un sou neuf. Au-dessus de la porte, une caméra les fixait de son œil rouge.

Alors que sur leur gauche un écran venait de s'allumer, une vibration se fit sentir sous leurs pieds. Jack se tourna et vit alors un panneau de métal descendre du plafond sans un bruit. Il se précipita vers la plaque en fer noir, manqua une marche, et percuta la porte qui venait de se refermer violemment devant lui.

Ils étaient pris au piège.

Sur l'écran, Évangéline leur faisait face, un sourire satisfait sur le visage. Malgré l'heure avancée de la nuit, elle était magnifique, comme à son habitude. Ses cheveux blonds savamment retenus en un chignon strict, son tailleur noir et sa chemise blanche sans un pli, mettaient en valeur chacun de ses traits. Mais comme à chaque fois que Jack la voyait, il ressentait une drôle de sensation qu'il n'arrivait pas à définir. Ce côté lumineux soulignait une autorité sans faille et une dureté dissimulées sous un sourire enjôleur. Elle n'était pas ce qu'elle paraissait.

Derrière Évangéline, on devinait le reste des DIX. Tous assis dans des fauteuils en cuir noir, engoncés dans des tailleurs également noirs, assortis à celui de leur cheffe, ils étaient immobiles, attendant qu'elle ouvre les hostilités. À croire qu'ils ne dormaient jamais.

Évangéline ne perdit pas de temps :

— *Cette zone est strictement interdite. Veuillez faire demi-tour immédiatement.*

— Et comment on fait ? lança Jack, toujours collé à la paroi qui s'était refermée derrière eux.

— *Repartez d'où vous venez et nous ouvrirons le sas. Continuez à avancer et nous changerons de méthode.*

Le ton était froid, cassant, et pourtant Évangéline continuait d'arborer ce sourire factice qu'elle affichait à toutes ses apparitions.

Dans le couloir, c'était le silence absolu. Wilson se mit alors à siffloter en ouvrant son sac à dos pour en sortir des outils qu'il disposa au sol devant lui. Comme s'il avait lancé un signal, Élisabeth sortit de sa paralysie et le rejoignit aussitôt pour se mettre à l'œuvre. Abigail et Jack, restés en retrait, ne voyaient pas ce qu'ils étaient en train de manigancer, mais ils sentirent bien qu'il fallait intervenir. Jack se redressa alors devant l'œil de la caméra. Il fit un signe à Abigail qui grimpa deux marches pour venir à ses côtés, masquant ainsi la vue aux DIX qui ne pouvaient plus voir ce qui se tramait.

Sur l'écran, Évangéline fit un mouvement furtif qui n'échappa pas à Jack. Il se pencha vers Abigail et murmura derrière sa main :

— Ça ne lui plaît pas, on dirait.

— Grand bien lui fasse. On ne lui demande pas son opinion.

— À votre avis, les drones vont débarquer du plafond ou de derrière nous ?

Instinctivement, Abigail se retourna et tenta de percer l'ombre. Le cercle de lumière ne dépassait pas les trois mètres autour d'eux, mais à part le cliquetis des outils de Wilson, rien ne venait troubler le silence du couloir opaque. S'il y avait des drones dans le coin, ils les entendraient arriver.

Alors que Wilson se redressait avec un soupir satisfait, Jack aperçut dans sa main un objet sphérique en métal poli. Il n'avait encore jamais rien vu de semblable.

Face à lui, Élisabeth leva les yeux et pointa du doigt un angle du mur.

— Ici, ce sera parfait.

Wilson hocha la tête et tendit le bras au-dessus de lui, la petite sphère aux bouts des doigts.

À quelques centimètres de la paroi, la boule s'échappa de la main de Wilson et alla se coller au mur avec un petit *ploc !* métallique. Sur l'écran, Évangéline ouvrit de grands yeux étonnés.

Un bourdonnement se fit entendre. Puis une explosion.

Ce fut ensuite le noir absolu. Et le silence.

# Chapitre 21

Le bâtiment de la sécurité était désert. Pas âme qui vive dans les couloirs, même la lumière semblait avoir abandonné les lieux tant il faisait sombre. Damian et Bettany n'auraient pu demander mieux en matière de camouflage. Ils longèrent les murs jusqu'à l'ascenseur qui devait les mener au bureau d'Élisabeth. Bettany se risqua à rompre le silence alors qu'elle venait d'arrêter le fauteuil de Damian devant la porte métallique de l'ascenseur :

— Tu crois que le système de sécurité va nous repérer si on entre là-dedans ?

— C'est un risque à prendre. Je ne pense pas que tu sois capable de me porter jusqu'au troisième étage sur ton dos, si ?

— Exact. Je serai obligée de te tirer par les pieds au bout de deux marches.

— L'exploit serait que tu réussisses déjà à monter deux marches !

Bettany sourit.

— Tu appuies sur la touche ou on attend que quelqu'un nous tombe dessus ?

Damian inspira avant de tendre un doigt en direction du bouton. Il avait beau faire le fanfaron, il n'en menait pas large. En voyant sa main trembler, il se ressaisit et appuya sur le bouton d'appel. La machine se mit aussitôt en branle et une minute plus tard, les portes s'ouvrirent. Pas une alarme n'avait retenti, tout marchait à merveille. Un peu trop, même, au goût du garçon. Bettany le poussa dans la cabine et sélectionna le chiffre trois.

Les battants se refermèrent sur eux, et ils s'élevèrent doucement vers leur destination.

À l'étage, le même vide régnait : lumières tamisées, couloirs déserts, les deux jeunes eurent l'impression d'être les seuls survivants de la tempête.

— Pour un bâtiment réservé à la sécurité, je trouve que ça laisse un peu à désirer, fit Bettany en plissant les yeux pour mieux voir dans la pénombre.

— Depuis combien de temps il n'y a pas eu d'infraction ? D'aussi loin que je me souvienne, je n'ai jamais entendu parler de qui que ce soit ayant enfreint les règles. On doit être les premiers depuis un siècle !

— Il ne faut jamais sous-estimer la perfidie de l'être humain ! gloussa Bettany. Tu sais, ce couloir à perte de vue, avec son revêtement si lisse me donne des envies de...

— N'y pense même pas, la coupa Damian.

— Allez ! Juste une petite course ! Un petit dérapage ni vu ni connu !

Il darda sur elle un regard noir qui lui coupa toute envie. Elle rentra la tête dans les épaules et souffla :

— Tu n'as absolument aucun humour. C'est désespérant.

— Et toi, tu ne penses qu'à t'amuser ! En ce moment ? Alors qu'on risque notre peau ?

— Justement ! Si on doit mourir aujourd'hui, autant s'amuser un peu avant, non ?

Damian ne se souvenait pas de la dernière fois où il avait pris du plaisir. Enfermé entre ses livres, dans un bâtiment vide, cloué à son fauteuil, il n'en avait pas souvent eu l'occasion, il devait bien l'avouer. Bettany était tout l'inverse de lui : toujours en mouvement, entourée de gens et le sourire vissé aux lèvres. Il l'enviait, mais ne le lui avouerait jamais.

Il donna une impulsion aux roues de son fauteuil et entendit Bettany lui emboîter le pas derrière lui, en soupirant de frustration. Le bureau d'Élisabeth était tout proche. Chaque porte était ornée d'un symbole attribué à celui qui occupait les lieux. Damian reconnut à côté du montant le Y : qu'elle leur avait indiqué et sortit de sa poche une petite clé qui leur permettrait de ne pas utiliser le badge magnétique de la jeune femme. Moins ils laisseraient de traces, mieux ce serait.

Il tendit la clé à Bettany qui haussa un sourcil, surprise :

— Pourquoi tu n'ouvres pas toi-même ?

— Parce qu'il faut introduire la clé dans le symbole.

— Et que tu n'as pas mangé assez de soupe pour l'atteindre ! OK, compris !

Il eut envie de l'étrangler, mais le clin d'œil qu'elle lui décrocha anéantit toute velléité de meurtre à son encontre. Elle tendit le bras, enclencha le passe dans une fente et le tourna. Un petit clic retentit et… rien. La porte resta fermée.

La jeune fille réessaya, plusieurs fois, sans succès.

— Notre mission s'achève avant même d'avoir commencé, on dirait, dit-elle.

— Ce n'est pas normal, Élisabeth ne nous aurait pas envoyés là pour qu'on reste à la porte !

— Tu es sûr que c'est le bon symbole ?

— Évidemment ! Pour qui tu me prends ?

Damian s'en voulut aussitôt de lui avoir parlé sur ce ton, mais la colère le gagnait. Ils n'avaient pas fait tout ça pour rien, quand même ? À cet instant, Bettany retira la clé et la porte s'ouvrit sans un bruit. Les yeux ronds comme des soucoupes, les deux jeunes regardèrent le battant ouvert devant eux et éclatèrent de rire.

— Formidable ! L'aventure continue !

Bettany passa la première puis referma derrière eux. Le bureau était sobre, sans fioriture, une simple table de travail avec un ordinateur et une imprimante. Sur leur gauche, deux placards, sur leur droite un mur nu. Aucune fenêtre, à peine quelques mètres carrés, l'endroit était déprimant.

— Comment peut-elle travailler ici ? soupira Bettany.

— Vu son statut, je pense que ce n'est qu'un point de chute occasionnel. Garde tes questions pour plus tard, on a du travail. Éclaire-moi un peu, que je voie ce que je fais.

Bettany alluma la lampe torche de son téléphone et dirigea le faisceau vers l'ordinateur qui attendait sagement sur le bureau.

Damian appuya sur une touche au hasard et l'écran s'alluma. Sur le fond noir, un curseur vert clignotait, attendant les ordres, tandis que la machine se mettait à ronronner doucement.

— On y est, Bettany. Plus de retour en arrière possible.

Il pencha la tête sur le côté, fit craquer ses doigts et se mit à pianoter sur le clavier à toute allure.

Des chiffres succédaient à une série de lettres à une vitesse folle, déclenchant des flashs brefs qui illuminaient la pièce une fraction de seconde avant de la replonger dans le noir. Bettany se détourna de l'écran : Damian n'avait pas besoin d'elle, il savait ce qu'il faisait.

Dans sa main, elle serrait le portable que leur avait confié Élisabeth. Pour l'instant, il restait muet et cela la démangeait d'envoyer un message. Est-ce que tout se passait bien pour eux ? Qu'avaient-ils découvert en haut de cet escalier ? Et si les DIX les avaient trouvés et tous abattus ? Son cœur se serra brutalement à l'idée qu'elle puisse perdre Wilson. Il était le seul semblant de famille qui lui restait dans ce monde et si elle le perdait, elle ne saurait pas affronter l'avenir. C'était Wilson qui la serrait dans ses bras quand elle pleurait. Wilson qui l'engueulait quand elle partait en vrille. Wilson qui était toujours là pour elle, à ses côtés, pour la soutenir et la chérir. Sans lui, elle n'était rien de plus qu'une enveloppe vide bonne pour le compost.

Et pourtant, elle était là, loin de lui, pendant qu'il affrontait le danger. Il l'avait laissée partir, à contrecœur dans un premier temps, mais il savait qu'il n'avait pas le choix. Elle avait vu la résignation dans ses yeux, puis cette petite lueur protectrice qu'elle connaissait bien : il l'éloignait des plus gros risques, dans l'espoir qu'elle en réchappe.

Son ami, son ange gardien.

Elle appuya sur l'écran du téléphone, prête à envoyer un message, quand Damian hurla :

— Victoire ! Je suis entré dans le réseau.

— Je ne sais pas ce que ça veut dire, mais je suis contente pour toi ! La suite des opérations, c'est quoi ?

Le jeune soupira devant tant d'ignorance.

— Le réseau, c'est ce qui pilote tout, ici. Les caméras, les drones et je pense même que je peux contrôler les écrans.

— Tu peux nous faire passer en direct à la télé ?

— Bien sûr ! Et annoncer à tout le monde ce qu'on est en train de faire ? Quelle merveilleuse idée !

Bettany haussa les épaules.

— Rabat-joie.

— Au lieu de raconter n'importe quoi, regarde !

Il se pencha sur le clavier et Bettany vit s'afficher un message précédé de quelques symboles et d'une série de chiffres :

*?.// 8749554 to Élisabeth : Nous y sommes !*

Le curseur se mit à scintiller puis se changea en points de suspension qui clignotèrent à leur tour : Élisabeth était en train de leur répondre.

Fébriles, ils attendirent la réponse qui tardait à venir, quand soudain, des lettres apparurent :

*Restez-là, ne bougez pas*
*et attendez mes instructions.*

Damian sourit, satisfait.

— Voilà, il n'y a plus qu'à attendre son feu vert !

Il se tourna vers la jeune fille qui avait reculé de quelques pas. Sa bonne humeur semblait l'avoir subitement désertée, elle se rongeait l'ongle du pouce et regardait fixement l'écran devant elle.

Inquiet, Damian fit pivoter son fauteuil et s'approcha d'elle.

— Un problème ?

— C'est trop simple. On est rentré ici sans problème, tu as réussi à hacker le programme tranquillement. Ce n'est pas normal. Je suis sûre que les DIX sont au courant de ce qu'on fait. C'est impossible qu'ils ne voient rien. Et si c'était un piège ? Si ce n'était pas Élisabeth qui a envoyé ce message ?

Elle était au bord de la panique.

Damian posa une main rassurante sur le menton de la jeune femme et la força à le regarder.

— Il n'y a aucun souci. Je n'ai ouvert qu'une petite brèche sécurisée entre l'ordinateur et le téléphone d'Élisabeth. Nous sommes invisibles, je te le promets.

Elle soupira, mais l'angoisse ne la quitta pas.

— Combien de temps on va encore attendre, tu crois ?

— Aucune idée. Je peux lui envoyer un message pour savoir où ils en sont, si tu veux.

— Oui !

Elle avait presque crié tant la peur lui nouait le ventre. Damian retourna au clavier, mais il n'eut pas le temps de taper quoi que ce soit : l'écran s'illumina et le visage d'Évangéline apparut. Dans son dos, Bettany hoqueta : ses craintes venaient de se matérialiser.

# Chapitre 22

Le visage grave d'Évangéline apparut en gros plan sur tous les écrans de la ville. Chaque appartement s'illumina, chaque rue déserte, chaque bureau, chaque coin de la Cité. Personne n'échapperait au regard de la Présidente. Mais cette fois, pas d'apparence enjôleuse, même si ses lèvres esquissaient une moue qui évoquait un semblant de sourire, ses yeux étaient froids et sa posture figée.

Lors des tempêtes, la consigne était simple : aucune communication autorisée.

Alors les habitants attendaient, fébriles, que la Présidente prenne la parole. Car ce ne serait assurément pas une bonne nouvelle.

Derrière Évangéline, les silhouettes des neuf autres membres du conseil ne bougeaient pas. Tout semblait pétrifié.

La tension montait dans les foyers.

Puis la voix de la Présidente résonna. Aussi froide que ses yeux. Tranchante.

*« Certains d'entre vous ont enfreint les règles. Ceci n'était jamais arrivé. Et n'arrivera plus jamais. Des Régulateurs, associés à des membres de la population, ont décidé de ne pas respecter la Régulation. Certains appellent cela une rébellion. Nous l'appelons du terrorisme. Je vais donc m'adresser à eux par le biais de cette allocution. Mais vous êtes tous concernés. Si certains d'entre vous*

*avaient l'idée de les rejoindre, sachez que vous en subirez les conséquences.* »

Sa voix haussa d'un ton.

« *Amis Régulateurs, vous avez décidé de changer les règles du jeu. Nous allons donc faire de même. Si dans une heure, vous n'avez pas réintégré vos foyers et repris les activités qui vous ont été assignées au petit matin, dès la fin de la tempête, les drones seront chargés de vous abattre sur-le-champ. Où que vous soyez, nous vous trouverons.*

*Et sachez, chers amis, que vous entraînerez dans votre chute les habitants de la Cité. Chaque quart d'heure qui passera, à compter de maintenant, verra naître dix nouveaux Régulateurs. D'ici la fin de la nuit, la moitié de la population sera en charge d'éliminer l'autre. Personne ne sera à l'abri. Vous m'entendez ? Personne. Ni mère, ni père, ni enfant, ni ami. Il ne restera que des chasseurs. Ou des chassés.*

*Vous avez une heure. Pas une de plus. Les premiers messages ont été envoyés. Les règles ont changé.* »

Les écrans s'éteignirent et replongèrent la ville dans le noir complet. La peur avait recouvert chaque parcelle de la Cité.

Les regards se faisaient fuyants. Personne ne voulait qu'on sache si le message fatidique allait apparaître sur son téléphone. Des femmes enfermèrent leurs enfants dans leur chambre, des hommes désertèrent leur foyer, des adolescents se barricadèrent dans leur salle de bains.

Tous étaient terrorisés.

La paranoïa faisait son chemin dans les esprits. Insidieuse. Toxique.

Qui allait mourir ?

# Chapitre 23

Le bureau exigu était à nouveau plongé dans le noir après que l'écran se fut éteint. Damian ne bougeait pas, pétrifié par ce qu'il venait d'entendre. Il sentait la présence tendue de Bettany derrière lui, mais n'avait pas le courage de la regarder.

Sur son épaule, la main de la jeune fille s'était contractée quand le visage d'Évangéline était apparu, chassant les lignes de chiffres verts. Ses doigts étaient toujours ancrés dans sa chair, comme cramponnés à une bouée de sauvetage. Sauf qu'il ne pouvait rien faire pour elle.

Ils venaient de déclencher une catastrophe. Des gens allaient mourir par leur faute. Des centaines de personnes qui rejoindraient le compost à cause d'eux.

Des enfants qui... Il secoua la tête, il refusait de penser à ça, sinon il allait perdre la raison. Définitivement. Bettany relâcha son emprise et murmura :

— Qu'est-ce qu'on va faire, maintenant ?

— Il n'y a qu'une chose à faire si on veut éviter un massacre...

— Tu veux qu'on se rende ?

La peur suintait dans chaque syllabe qu'elle prononçait.

Damian se retourna et alluma la lampe torche. Une lueur spectrale l'enveloppa.

— Absolument pas. Nous allons d'abord l'aveugler et l'empêcher de transmettre le moindre message. Ensuite, nous irons détruire son armée de drones.

Bettany ouvrit de grands yeux, stupéfaite.

— Tu peux faire ça ?

— Je n'en ai aucune idée, mais je dois essayer. Nous avons peu de temps.

Il se mit face à l'ordinateur et commença à travailler. Au bout de quelques minutes, Damian transpirait comme s'il venait de faire deux heures de sport intensives, mais il ne ralentit pas pour autant la cadence.

Bettany s'était assise par terre dans un coin et regardait le décompte qu'elle avait déclenché sur son téléphone.

Dans moins de neuf minutes, dix nouvelles personnes recevraient un message les désignant comme tueur potentiel. Dix Régulateurs, quatre noms chacun. Et ce serait comme ça jusqu'à ce que tout le monde s'entretue.

Parce que c'était dans la nature des hommes de se déchirer. La peur les rendrait fous, ils partiraient en chasse avant même d'être chassés. Et ce serait le chaos.

Cette ville était sinistre, terne, insipide. Les gens accomplissaient ce qu'on leur demandait, sans réfléchir, sans jamais prendre d'initiative. Elle se rappelait le jour où elle avait décidé de devenir tatoueuse. Wilson l'avait regardée comme si elle était devenue folle, mais elle avait tenu bon. On lui avait fait passer un entretien de motivation devant les DIX qui lui avaient posé des questions sans queue ni tête avant de déclarer qu'elle était autorisée à exercer un métier artistique, à la condition que cela réponde à un besoin. Besoin qu'elle devait chaque année justifier devant les membres du gouvernement, chiffres à l'appui, alors que les autres professions n'avaient jamais aucune évaluation. Il y avait les utiles et les inutiles. Comme elle.

Elle avait rêvé d'autre chose. De couleurs, de musique, de soirées où ils pourraient danser sous les étoiles sans qu'un drone ne vienne leur imposer un couvre-feu. Elle avait maudit cette société qui les brimait dès leur enfance pour en faire des zombies au service de ces DIX qu'on ne voyait jamais. Elle avait détesté ses semblables qui se contentaient de rien.

Petite, elle avait même souhaité que les murs s'effondrent et qu'ils se fassent tous dévorer par les bêtes hurlantes qu'elle entendait certains soirs. Que personne ne survive. Qu'ils disparaissent tous. Même elle.

Mais au fond, elle aimait cet endroit. Elle aimait le monde qu'elle s'était créé, les couleurs qu'elle mettait sous la peau de ses clients. Le rire de Wilson au fond de la boutique. C'était chez elle. C'était chez eux aussi. Malgré le peu de liberté qu'ils avaient, ils étaient vivants.

Ça ne pouvait pas finir comme ça. Pas par sa faute.

D'un geste rageur, elle essuya les larmes qui roulaient sur ses joues. Ce n'était pas le moment de craquer, Damian avait besoin d'elle.

Elle jeta un œil au téléphone qu'Élisabeth leur avait donné. Toujours aucun message. Et elle vit le décompte.

Elle se releva et, pleine d'une énergie nouvelle, s'approcha du jeune homme qui n'avait pas cessé de pianoter sur son clavier.

— Damian…

— Chut ! J'y suis presque.

— Damian… s'il te plaît.

— Tais-toi, je te dis. Il faut que je me concentre. Je suis tout près, je le sens… Mais je ne sais pas où ça bloque, bon sang !

— DAMIAN !

Le jeune homme se retourna et la fusilla du regard.

— Mais qu'est-ce que tu veux, à la fin ?

— Les quinze minutes sont passées. Les premiers messages sont partis. Dix nouveaux Régulateurs à partir de demain matin. Soit dans moins de trois heures. À moins que la tempête n'ait pas cessé. Ce qui est une donnée variable.

Le jeune homme la regardait bouche bée. Il ne voyait pas où elle voulait en venir.

— Nous n'y arriverons pas. Tu n'y arriveras pas, Damian. Et pendant ce temps, les drones vont s'envoler et tuer tous ceux qui ne joueront pas le jeu. Et il y en aura, crois-moi : des parents qui ont reçu l'ordre d'exécuter leur enfant, par exemple. Mais ils n'obéiront pas. Les drones vont les traquer jusqu'aux derniers.

— Qu'est-ce que tu proposes ?

— On va au hangar. On détruit la flotte. Comme tu l'as dit. Maintenant.

— Mais...

— Il n'y a pas de « mais », Damian ! Nous devons les empêcher de décoller ! Tu n'as pas les compétences pour couper le système de communication. Si ça se trouve, ça ne vient même pas d'ici ! Les DIX ont peut-être leur propre réseau. Et nous, on reste là à tenter un truc qui ne marchera jamais ! On doit agir. Et il n'y a qu'en détruisant ces saletés volantes qu'on y arrivera. On ne sauvera pas tout le monde, mais on pourra limiter la casse. Il n'y a plus qu'à espérer que les autres arrivent en haut à temps. À nous tous, on peut arrêter ce massacre.

Elle avait raison, il n'y arriverait pas, ils devaient passer au plan B.

Damian hocha la tête et planta un regard plein de détermination dans les yeux suppliants de Bettany.

— On y va.

La jeune femme soupira de soulagement : ils allaient agir et contrer tout le bordel qu'ils avaient déclenché.

Sans un bruit, ils sortirent du bureau et s'engagèrent dans le couloir pour rejoindre les ascenseurs. Le silence les oppressait, dans une lumière encore plus glauque qu'à leur arrivée.

Damian sentait que quelque chose clochait sans pouvoir mettre le doigt dessus. Le bâtiment était toujours vide, pourtant il devinait comme une présence entre les murs. Un regard qui ne les lâchait pas. Il accéléra l'allure et entendit que Bettany lui emboîtait le pas : elle aussi avait senti le subtil changement d'atmosphère. L'ascenseur les attendait, porte ouverte, ce qui angoissa encore plus les deux jeunes. Malgré tout, ils entrèrent dans la cabine. Bettany retenait son souffle. Damian observa le couloir face à lui. Et c'est là qu'il vit la petite lumière rouge clignoter. Comme un œil dans la nuit qui les observait, impitoyable. Il attrapa le bras de sa compagne et se précipita en avant en hurlant :

— Dehors ! Vite !

Ils n'eurent pas le temps de franchir le seuil de la cabine. Les portes se refermèrent devant eux et l'engin s'ébranla.

# Chapitre 24

Le noir qui les entourait était poisseux de l'angoisse qu'ils transpiraient depuis que Wilson avait posé sa petite bombe. Plus personne ne bougeait dans le couloir étroit, à peine s'entendaient-ils respirer les uns les autres.

La voix de Wilson transperça enfin le silence pesant :

— Tout le monde va bien ?

Abigail et Jack grommelèrent, tandis qu'Élisabeth, non loin de Wilson, lui prenait la main pour le rassurer.

— On est entier, souffla-t-elle. Mais aveugles…

— Si nous le sommes, ils le sont aussi. Pour le moment.

Il ralluma sa lanterne et la leva au-dessus de sa tête. Du plafond pendaient les restes de la caméra, la porte qui leur barrait l'accès aux étages supérieurs était éventrée et l'écran sur le mur fissuré de toutes parts.

— Parfait. Nous allons pouvoir continuer. Mais restez prudents, nous ne savons pas ce qu'il y a devant nous. Maintenant qu'ils savent que nous sommes là…

— Dites, on peut savoir où vous avez trouvé cet attirail ? interrogea Abigail en désignant les débris des petites bombes qui gisaient au sol.

— Oh, ça… répondit Wilson. Il suffit de connaître les bonnes personnes !

Il fit un signe de tête en direction d'Élisabeth. La jeune femme sourit.

— Ce sont des armes que j'ai subtilisées sur des drones destinés à la destruction. C'est assez rare que les machines soient démantelées, nous préférons d'ordinaire les réparer, mais elles ne sont pas éternelles. J'ai mis quelques années pour en récupérer un tel nombre, mais ça valait le coup !

— Je ne savais même pas que ces engins de malheur étaient équipés de ce genre d'armement, soupira Jack.

— Les bombes ne sont présentes que pour permettre à la machine de s'autodétruire, en cas de panne dangereuse pour la population. Elles sont programmées pour exploser en cas de descente anormale avant qu'elles ne soient trop proche du sol. Il n'y a pas de largage possible, ne vous inquiétez pas !

— Je suis totalement rassurée, ricana Abigail, ces petites bêtes sont donc inoffensives. Ce ne sont pas quelques balles qui vont nous effrayer, n'est-ce pas ?

— Ce n'est pas ce que je voulais dire... commença Élisabeth avant d'être interrompue par la voix d'Évangéline, forte, puissante, venue de nulle part.

Ils l'écoutèrent, tétanisés, exposer les nouvelles règles de la Régulation. Sa voix était encore plus terrifiante sans image. Ils entendaient presque son sourire carnassier alors qu'elle annonçait à de pauvres gens qu'ils allaient mourir. Par leur faute.

« *... vous avez une heure. Pas une de plus.* »

Le discours s'arrêta net et le silence retomba comme une chape de plomb.

Abigail réagit la première.

— On ne doit pas rester ici. Soit on redescend et on arrête tout ça, soit on avance. Mais il faut bouger. Et vite. Elle ne nous laissera pas une heure, elle va contre-attaquer avant.

— Je suis d'accord, répondit Élisabeth. Si certains veulent faire demi-tour, vous pouvez y aller.

Jack rigola doucement.

— Après avoir mis tout ce foutoir, vous croyez vraiment qu'ils vont nous laisser rentrer tranquillement chez nous ? Je suis prêt à parier qu'un drone a déjà mon adresse dans son programme. On n'aura pas fait un pas dehors qu'ils vont tirer à vue. On avance. Qu'on crève ici ou chez nous, autant essayer d'aller au bout, maintenant.

Il monta les quelques marches qui le séparaient de Wilson et fit un signe de tête en direction du couloir qui continuait à grimper derrière la porte éventrée.

— On y va ?

Wilson jeta un œil à Élisabeth et Abigail puis, voyant qu'elles aussi étaient décidées à aller de l'avant, il enjamba les débris et continua l'ascension.

Le grand bonhomme avait perdu de son assurance et cela n'avait échappé à personne.

— Le plan n'allait pas plus loin, dit-il pour se donner une contenance. Nous sommes un peu des pionniers.

Élisabeth lui prit la main.

— À ton avis, nous sommes encore loin ? murmura-t-elle.

— Je n'en ai aucune idée.

— À vue de nez, je dirais qu'on est tout proche. On monte depuis des heures, le mur n'est pas si haut quand même !

— On sera bientôt au bout du voyage, Élisabeth.

— Je suis morte de trouille, Wilson…

Il serra un peu plus sa main dans la sienne.

— Je ne vais pas te dire que ça va bien se passer, parce que je n'en sais foutrement rien. Mais je crois qu'on va bientôt être fixés. Regarde…

Il leva sa lanterne devant lui et, quelques marches au-dessus d'eux, ils virent un nouveau panneau de métal luisant.

Abigail les rejoignit.

— Et maintenant, que le meilleur gagne…

Wilson posa la lampe au sol et sortit son arme. D'un regard, il enjoignit les trois autres à se préparer.

— On recommence comme en bas avec un petit feu d'artifice ? demanda Abigail, visiblement prête à en découdre.

— Je ne sais pas, répondit Wilson. Ça pue le piège à trois kilomètres. Pas de caméra, pas d'écran. Ça ne me plaît pas du tout. Si ça se trouve, cette porte est piégée. Ou bien trop épaisse pour qu'on l'ouvre avec une petite grenade.

— Et donc ? C'est quoi le plan ? On redescend tranquilles ? Ou...

Sa voix fut couverte par un grincement métallique. La porte s'ouvrait lentement devant eux. Derrière, le noir absolu.

Puis l'enfer se déchaîna : des tirs fusèrent, assourdissants entre les murs resserrés des escaliers, aveuglants dans l'obscurité.

Wilson et Élisabeth se jetèrent contre la paroi, pris sous le feu nourri des drones qui leur faisaient face.

Abigail, couchée au sol, à l'abri quelques marches en dessous, hurla vers ses compagnons :

— Wilson ! Balance tes grenades, maintenant !

Le géant, malgré la panique, se rua sur son sac. Une balle le frôla et il étouffa un juron.

En bas, Abigail continuait à vociférer :

— Bouge-toi ! On ne va pas tenir longtemps comme ça !

Elle se tourna vers Jack à ses côtés et lui dit, plus bas :

— Tu es prêt ? Dès que les grenades sont en l'air, il va falloir y aller.

Jack opina du chef avant de réaliser qu'elle ne pouvait le voir dans l'obscurité.

— Ouais, je suis prêt. À ton signal.

— Parfait. Si Wilson veut bien s'activer un peu...

Les tirs ne tarissaient pas. Comme si les drones avaient un réservoir inépuisable.

Entre deux éclairs de tirs, Élisabeth pencha la tête.

— Il y en a cinq, hurla-t-elle à son tour.

— Je suis paré ! lui répondit Wilson. Tout le monde est OK ? Je balance les bombes et on tire dans le tas !

— C'est parti !

Les petites bombes s'envolèrent sans un bruit. Puis ce fut un vacarme assourdissant. L'explosion provoqua le chaos, désorientant les machines volantes. Abigail bondit et ouvrit le feu, suivie de Jack et Élisabeth. Un drone tomba en projetant des étincelles, un deuxième s'enraya et vint percuter le mur à côté de Wilson. Un autre se mit à tournoyer, envoyant des balles en tous sens. Les quatre compagnons vidèrent leurs chargeurs.

Puis le silence revint. La lanterne avait explosé, seuls les débris fumants des drones tombés au sol éclairaient encore la scène de chaos. Wilson sortit une lampe de poche de son sac et balaya les lieux. Il s'arrêta sur chacun de ses acolytes.

— Tout le monde va bien ?

— Ouais. C'est pas passé loin, mais ça va, grogna Jack.

Abigail rangea son arme.

— Ok pour moi.

Élisabeth s'approcha de Wilson et toucha sa joue marbrée d'un filet de sang.

— Par contre, toi, tu as pris une balle.

Wilson sourit.

— T'inquiète, elle m'a frôlé. Une simple égratignure. Allez, on bouge ! La seconde vague peut arriver d'une minute à l'autre.

Ils se mirent en route et pénétrèrent dans un hall qui donnait sur une seule porte, immense. À la gauche du battant, un clignotement.

Sans un mot, Jack avança et flanqua un coup de pied sur le boîtier qui explosa en milliers de petits morceaux métalliques. Sans effet.

Il haussa les épaules.

— Fallait tenter le coup.

Élisabeth soupira et extirpa de sa poche une petite boîte noire qu'elle brancha sur la carcasse de métal.

— La force ne résout pas toujours tout, Jack…

Abigail tournait comme un lion en cage.

— Je n'aime pas ça. À peine cinq drones pour nous accueillir, c'est louche.

— Ils ne devaient pas s'attendre à ce que qui que ce soit monte jusque-là, répondit Wilson. Excès de confiance, certainement. Et en même temps, si je n'avais pas eu accès aux carnets, l'escalier serait toujours derrière un mur, inaccessible.

— Mouais. N'empêche, je n'aime pas ça. Il y a peut-être une armée complète de drones ou de soldats derrière cette porte qui nous attendent. Et je n'ai plus que deux balles. Jack, combien il t'en reste ?

Il fit claquer son chargeur.

— Une seule.

— Wilson ?

— Chargeur plein. Je n'ai pas tiré autre chose que les grenades. D'ailleurs, il m'en reste encore trois.

— C'est toujours ça de pris. Élisabeth ?

Concentrée sur sa petite machine, Élisabeth tendit son arme à Abigail, sans un mot.

Le chargeur ne contenait que deux balles.

— Bien, espérons donc qu'il n'y ait pas de comité d'accueil de l'autre côté.

Élisabeth soupira :

— On va vite le savoir… Vous êtes prêts ? J'ouvre la porte dès que j'ai votre feu vert…

Tous se placèrent en position du mieux qu'ils purent. Aucun ne savait à quoi s'attendre de l'autre côté de cette immense plaque de métal noir. Est-ce que les DIX étaient là ? Leurs familles ? Que feraient-ils s'ils se retrouvaient face à des enfants ayant grandi à l'abri des murs ? Est-ce que Wilson et Élisabeth avaient seulement envisagé ce scénario que lui-même avait occulté ?

Dans les yeux de Jack, Abigail vit les mêmes hésitations que celles qui lui tordaient l'estomac. Ils partaient en aveugle se battre contre quelque chose dont ils ignoraient tout. Pourtant, leur poigne sur leurs armes était ferme et déterminée. Ils étaient venus ici pour changer le monde. Leur monde. Et ils iraient au bout. Quoi qu'il leur en coûte.

Et tandis que la porte s'ouvrait, aux pieds de Wilson resté en retrait, une flaque de sang s'élargissait.

# Chapitre 25

*Bloc n° 4, appartement 12 – 8 h 01*

*Les membres de la famille sont serrés les uns contre les autres dans la pièce unique de l'habitation. Le père regarde sa fille unique et sa femme qui ne cessent de pleurer depuis l'annonce d'Évangéline. Ils allaient mourir. D'une façon ou d'une autre, ils n'en réchapperaient pas. Ils seraient les proies. Et même s'ils devenaient chasseurs, comment pourraient-ils se défendre ? Ils ne connaissaient rien aux armes, ni au combat. Ils tomberaient. Morts. Bons pour le compost. Et sa fille ? Qu'allait-elle devenir ? Allait-elle aussi être obligée de tuer pour survivre ? Comment une enfant de cinq ans pouvait faire partie de cette comédie ?*

*Dans le couloir à l'extérieur de l'appartement, il entend un mouvement furtif. Aussitôt sur le qui-vive, il se colle au battant et attend. Quand les pas s'éloignent, il soupire de soulagement puis éclate d'un rire plein de désespoir : dans sa main, il tient la brosse à cheveux avec laquelle il coiffait la longue chevelure de sa fille avant l'annonce. Croit-il vraiment qu'il aurait pu tuer quelqu'un avec ça ?*

*Il regarde le fauteuil élimé où sa femme a trouvé refuge avec leur enfant. Et se met à pleurer.*

*Bloc n° 12, appartement 13 – 7 h 53*

*Il fait claquer la culasse de l'arme avec un geste sec. Sur la table de la cuisine sont étalées des dizaines de munitions : balles normales, perforatrices, limées, récupérées aux abords de l'armurerie où il travaille comme gardien. Il savait que ce jour arriverait et il est prêt, impatient que le jour se lève et de recevoir sa liste. Enfin un peu d'action dans sa morne vie ! Il n'a aucune famille. Personne à qui il tiendrait suffisamment pour l'épargner. Et si les DIX ne l'ont pas désigné comme chasseur, il se fera un plaisir de buter tous ceux qui s'approcheront de lui.*

*Pour la première fois dans l'histoire de la Régulation, ce serait un Régulé qui battrait tous les autres à leur propre jeu.*

*— Venez, dit-il. Je vous attends.*

*La culasse de son arme claque. Encore une fois.*

# Chapitre 26

L'ascenseur descendait en silence. Les étages s'égrenaient à un rythme impassible, comme si rien de funeste ne les attendait en bas. Mais Damian savait. Il avait vu la petite diode rouge, comme un œil, rivée sur eux. Ils auraient un joli comité d'accueil à l'arrivée.

— Qu'est-ce qu'on fait, Damian ? demanda Bettany.

Il appuya sur tous les étages et même sur le bouton d'arrêt d'urgence. Rien se passa. Ils continuaient à descendre, avec une lenteur qui n'augurait rien de bon.

— Je crois qu'on n'a pas d'autre choix que de les affronter.

Il poussa son fauteuil au plus près de la cloison et enjoignit la jeune fille à faire de même.

— Quand les portes s'ouvriront, il va falloir qu'on sorte de là au plus vite. Chacun d'un côté. Wilson m'a donné ça avant de partir. S'ils sont nombreux, ça devrait faire quelques dégâts et nous laisser un peu de temps pour les abattre.

Il sortit des petites grenades de sa poche et les montra à Bettany.

— À un moment donné, nous devrons nous séparer. Toi, tu t'occuperas de la flotte de drones. Moi, je trouverai le poste de pilotage de ces foutues machines pour empêcher celles qui nous échapperont de décoller.

Il planta ses yeux dans ceux de son amie.

— On va y arriver.

Pour toute réponse, elle se jeta en avant et l'embrassa fougueusement.

Surpris, il eut tout d'abord un mouvement de recul avant de s'abandonner aux lèvres douces et chaudes de sa comparse.

C'était la première fois qu'il embrassait une fille. Tout s'enflamma en lui. Il s'agrippa à elle de peur qu'elle ne s'enfuie. Ses gestes étaient désordonnés, presque désespérés. Bettany lui passa la main dans les cheveux et se serra un peu plus fort contre lui. Damian se concentra sur chaque mouvement de la jeune fille, chaque sensation que cela faisait naître en lui. Il voulait tout mémoriser pour revivre cette scène plus tard, quand toute cette folie serait finie.

Finalement, Bettany recula, laissant Damian déjà en manque de sa bouche, de sa peau.

Il se força à lui sourire alors qu'il n'avait envie que de la sentir encore contre lui.

Ce fut un baiser à la fois impétueux, brusque et rapide, mais empli de tendresse.

— Celui-ci, je ne l'ai pas vu venir, dit-il d'une voix étranglée.

Elle haussa les épaules, les yeux brillants.

— Ne t'y habitue pas trop non plus.

L'instant magique se disloqua avec la sonnerie de l'ascenseur : ils arrivaient à destination.

Bettany se plaqua contre la paroi opposée à celle de Damian et ils inspirèrent profondément tandis que les portes s'ouvraient. Une rafale de balles les accueillit. Dans le couloir désert, le bruit était assourdissant. La jeune fille s'extirpa de la cabine et fit feu. Damian en profita pour sortir à son tour et lança la grenade en hurlant :

— À terre !

Bettany se jeta en avant. Les murs tremblèrent, la poussière vola. Autour d'eux, le bâtiment grognait, vibrait comme s'il allait se disloquer, mais il tint bon.

Les engins de mort qui avaient tenté de les tuer une minute plus tôt s'écrasèrent au sol, foudroyés en plein vol.

Le silence retomba brusquement, et leurs oreilles se mirent à siffler. Bettany se releva lentement et enleva la poussière qui lui piquait les yeux. Il flottait dans l'air une odeur de poudre qui lui irrita le nez. Elle retint un éternuement, toussa pour s'éclaircir la gorge et se tourna vers Damian.

Sous le choc de l'explosion, il était tombé de son fauteuil. Il était assis contre le mur du couloir blanc, auréolé par la poussière qui tourbillonnait autour d'eux.

La jeune fille sourit :

— Alors, on prend une pause ?

Damian grogna.

— On va dire ça...

Le ton de sa voix alerta l'adolescente.

— Tout va bien ?

— Tu peux me remettre sur mon fauteuil, s'il te plaît ?

Sa voix n'était qu'un murmure. Bettany se précipita auprès de lui et découvrit avec horreur une mare de sang autour de lui.

— Mon Dieu, Damian, hoqueta-t-elle.

— C'est moins grave que ça n'en a l'air. Aide-moi à me rasseoir.

D'une main tremblante, elle s'empara du fauteuil qui avait roulé à trois mètres de là et attrapa son ami sous les bras. Il pesait une tonne pour elle qui était si menue, et elle ne put le soulever que de quelques centimètres avant de déclarer forfait. Des larmes de désespoir lui coulaient le long des joues tandis que la respiration de Damian se faisait de plus en plus laborieuse.

Le jeune homme inspira fortement – un gargouillis en fond de gorge fit trembler Bettany – et la fixa d'un regard voilé.

— Je crois qu'il va falloir que tu te débrouilles sans moi.

— Certainement pas ! Il est hors de question que je t'abandonne ici. On va y arriver tous les deux, tu m'entends ! Ensemble !

Il lui sourit et lui prit la main. Il se souvenait encore de leur rencontre quelques heures plus tôt. Il avait l'impression que c'était un siècle plus tôt. De l'avoir toujours connue. Il l'avait détestée, car il savait déjà qu'il tomberait sous le charme de cet arc-en-ciel au sourire désarmant. Elle était d'une beauté brute, de celle qui n'a besoin d'aucun artifice pour rayonner.

Il avait envie de lui dire tout ça, mais il n'en avait pas la force. Ce serait lui dire adieu et il ne pouvait s'y résoudre.

Alors il décida de faire comme si tout allait bien. Comme s'il allait sortir vivant de ce trou à rat et qu'ils allaient – ensemble – rendre leur liberté aux habitants de cette cité de malheur.

Il attrapa le fauteuil et commença à se hisser sur le siège. Bettany se précipita pour l'aider et, à eux deux, ils parvinrent à leur fin.

Damian transpirait à grosses gouttes et se vidait de son sang, mais il ne laissa rien paraître. Il ne pouvait pas. Ne devait pas.

Il avait une balle dans le torse, une seconde dans le bras et peut-être deux ou trois autres dans les jambes. Pour une fois, il bénissait sa paraplégie qui l'empêchait de ressentir la moindre douleur dans le bas du corps. Il avait déjà bien assez à faire avec ses autres blessures.

Bettany restait silencieuse, le visage baigné de larmes. Elle attendait ses ordres.

Le jeune homme se redressa en refoulant un grognement de douleur et la regarda droit dans les yeux.

— Il faut aller détruire la flotte de drones. Au plus vite.

Une étincelle d'espoir s'alluma dans les yeux de la jeune fille.

— Absolument ! Tout de suite. On y va...

Damian lui saisit le bras avec le peu de force qui lui restait et l'arrêta avant qu'elle ne mette en mouvement le fauteuil.

— Tu vas devoir y aller seule. Je vais trouver le serveur et pirater le système pour qu'aucun ne puisse voler, le temps que tu détruises les machines. Sinon, ils t'attaqueront en masse et tu n'auras aucune chance.

— Mais...

Il posa un doigt sur sa bouche pour la faire taire. Il n'avait pas le temps pour les palabres, dans moins d'une minute, il tomberait de son fauteuil et ne s'en relèverait jamais. Il devait éloigner Bettany de lui au plus vite. Sans quoi, leur mission échouerait et ils mourraient tous les deux.

— On va faire ça ensemble, comme tu l'as dit. Chacun de notre côté, mais ensemble. Il faut faire vite.

Le jeune homme piocha deux grenades dans sa poche, les lui tendit et lui attrapa le cou pour l'embrasser fougueusement. Il la relâcha, à bout de forces. Le simple fait de respirer le consumait tout entier.

— Dépêche-toi. Ils ne nous laisseront pas tranquilles longtemps.

Damian lâcha sa main à regret, la poussa en avant et la regarda s'éloigner sans un mot. Au bout du couloir se trouvait le poste de commandement des drones. Il l'avait vu sur le plan dans le bureau d'Élisabeth. Quelques mètres tout au plus à parcourir qui lui semblèrent des kilomètres. Il laissa dans son sillage une traînée pourpre sur laquelle les roues imprimaient leurs reliefs. Un aller simple. Il le savait.

Bettany se mit à courir dans le couloir. S'éloigner de Damian lui brisait le cœur, mais elle le retrouverait. Coûte que coûte. Elle hâta la course et se retrouva bientôt devant les grandes portes du hangar qui abritait l'armée de drones des DIX. Sa main ne tremblait plus sur son arme. Tout reposait maintenant sur ses épaules. Elle sortit le badge qu'Élisabeth lui avait donné et retint sa respiration avant de le passer devant le boîtier d'ouverture.

Dès que les portes s'ouvrirent, elle se rua dans la pièce, prête à tirer sur tout ce qui bougeait.

La lumière du couloir éclairait des étagères remplies de machines à l'arrêt, inertes. La jeune fille fit quelques pas dans la grande salle, veillant à ne pas trop s'éloigner de la seule sortie derrière elle. Elle attrapa les premiers engins qui lui tombaient sous la main et les jeta au sol où elle les acheva d'un grand coup de talon. Mais à peine avait-elle commencé son sabotage que des diodes rouges s'illuminèrent sur les rayonnages. Les drones reprenaient vie. Et elle était la cible de centaines d'appareils meurtriers. Des yeux rouges la fixaient. Pas le temps d'examiner les lieux plus en détail. Bettany fit un pas en arrière. Les machines commencèrent à s'envoler et se mettre en formation face à elle.

Il ne lui restait que quelques mètres à faire pour sortir de là et s'échapper, mais déjà, les drones armaient leurs canons.

La jeune fille leva son arme et tira dans le tas, déclenchant une salve de balles en retour. Elle s'abrita derrière une étagère métallique et ajusta son tir. Trois drones tombèrent, les autres avancèrent lentement. Il ne lui restait plus que dix pas avant de retrouver le couloir, mais elle n'aurait jamais assez de balles pour s'en sortir indemne.

Bettany sentit alors le poids des grenades dans sa poche.

Elle fonça vers la sortie et lança derrière elle la première bombe.

La violente secousse de l'explosion la projeta en avant, des éclats de métal chaud jaillirent dans son dos. Elle atterrit face contre terre dans le couloir, où elle parvint à ramper jusqu'à se mettre à l'abri derrière le mur du hangar.

Une fois le silence revenu, la jeune fille se releva en tanguant, la vision brouillée et les jambes en coton. Devant elle, une épaisse fumée noire sortait de l'entrepôt, âcre et dense.

Puis à travers le brouillard, elle aperçut les diodes rouges des drones qui avaient survécu.

Prêts à la mettre en pièces.

Damian perdit connaissance plusieurs fois avant d'atteindre le poste de contrôle. Il avait froid, tremblait, et ses mains, poisseuses de sang, glissaient sur les roues de son fauteuil.

Il ne savait pas comment il avait réussi à ouvrir le local, mais il était enfin dans la place. Devant lui se dressaient des dizaines d'ordinateurs, reliés par des kilomètres de câbles.

Il avait imaginé un seul appareil à pirater, pas des dizaines de serveurs indépendants !

Il n'aurait jamais le temps de mettre le système hors service. La vie de Bettany dépendait de lui et il allait échouer.

Au milieu de la salle, coincé entre les armoires métalliques qui ronronnaient doucement, il sut alors qu'il ne lui restait plus qu'une seule option.

— Tu vivras, ma jolie… dit-il dans un souffle, sa dernière grenade à la main.

La jeune fille recula de quelques pas, terrorisée face à la horde mécanique qui lui faisait face.

Elle allait mourir ici, dans ce couloir désert, sans avoir pu aider Damian. Sans avoir pu sauver les habitants de l'enclave. Sans avoir réussi quoi que ce soit dans cette mission suicide.

La fumée se dissipa autour d'elle et les machines continuèrent de voler dans sa direction.

Le dos de Bettany heurta le mur et elle se sut piégée. Où qu'elle aille, ils la suivraient et tireraient à vue. Il n'y avait aucune cachette possible pour elle. Juste un immense couloir vide rempli d'un nuage gris qui s'estompait déjà.

Elle se laissa glisser contre la paroi et toisa ses bourreaux.

— Allez-y, tirez ! Butez-moi qu'on n'en parle plus ! hurla-t-elle dans un dernier accès de colère.

Puis elle se pencha en avant, mis la tête entre les jambes et attendit son heure.

Une première balle lui effleura l'épaule.

Avant qu'une deuxième n'arrive, une explosion retentit à l'autre bout du corridor. Les murs tremblèrent et Bettany hurla de terreur : une langue de feu sortait du poste de commandement, là où se trouvait Damian.

L'armée des drones qui flottait devant elle s'immobilisa une seconde, puis les machines s'écrasèrent au sol, désarticulées. Les diodes rouges s'éteignirent les unes après les autres. Les drones étaient bien morts, cette fois, sans aucune intervention de sa part.

Alors elle comprit. Damian avait réussi. Il en avait payé le prix. Pour elle. Pour eux.

Elle se mit à pleurer.

# Chapitre 27

La porte s'ouvrit dans un chuintement si léger qu'ils l'entendirent à peine.

Abigail était prête. À peine le battant avait-il coulissé qu'elle entra et tira dans tous les sens. Les drones de défense ripostèrent sur-le-champ. Jack s'engouffra à sa suite, Élisabeth sur les talons.

Le combat ne dura qu'une poignée de secondes : les drones s'écrasèrent au sol tous en même temps.

— Qu'est-ce qui se passe, bordel ? éructa Abigail.

Les gamins ont réussi. Ils ont réussi !

Élisabeth débordait de joie. Elle se tourna vers Wilson et l'attrapa par le cou.

— Tu m'entends, Wil ? Ils ont réussi !

Le grand bonhomme hocha la tête faiblement. Puis il s'écroula dans les bras d'Élisabeth.

— Venez m'aider, vite !

Abigail se précipita pour soutenir le corps inerte de Wilson et elles l'allongèrent au sol. Élisabeth lui tapota les joues.

— Parle-moi, Wilson. S'il te plaît, parle-moi !

Il grogna et souleva sa main. Dessous, un trou béant en plein milieu de son abdomen.

— Oh merde, lâcha Jack.

— Donnez-moi quelque chose pour contenir le saignement. On doit arrêter l'hémorragie.

Voyant qu'aucun de ses amis ne réagissait, elle se mit à hurler :

— Vous allez rester là sans rien faire ? Bougez-vous, bordel de merde !

— Élisabeth, ça ne sert à rien… dit Wilson dans un souffle.

— Ne dis pas ça, je t'en prie. Nous sommes près du but. Je suis sûre que les DIX ont des moyens de te guérir. On les obligera, crois-moi !

— Lili, je ne tiendrai pas jusque-là…

— Arrête de dire des conneries. Jack, donnez-moi votre putain de chemise ou je vous l'arrache moi-même !

Mais Jack ne bougea pas. Il regardait fixement le grand bonhomme en train de s'éteindre. Sa chemise ne servirait à rien contre le flot d'hémoglobine qui le quittait. Dans les bras d'Élisabeth, le corps de Wilson devint lourd. Trop lourd. Ses yeux se fermèrent sur une dernière larme. Élisabeth le serra contre elle et le berça comme un enfant en sanglotant. Puis elle le lâcha, reposa délicatement sa tête sur le sol froid et se releva.

— On a un gouvernement à faire tomber. Au boulot.

Depuis que les drones étaient tombés au sol, rien n'avait bougé dans la pièce. Aucun des trois n'avait eu le temps de regarder où ils étaient, trop occupés à tenter de sauver Wilson

Ils avaient atterri dans une salle remplie d'ordinateurs connectés les uns aux autres par une multitude de fils multicolores qui jonchaient le sol, tels des serpents enchevêtrés. Élisabeth observa le lieu et déclara :

— C'est un poste de contrôle.

— Encore un ? Il contrôle quoi, celui-là, puisque les drones étaient commandés depuis le bâtiment central et que Damian les a anéantis ?

— Aucune idée. Il va falloir que j'accède aux données pour comprendre.

Soudain, la lumière se fit dans la pièce. Abigail tressaillit.

— Je crois que j'ai trouvé l'interrupteur, dit Jack depuis le fond de la salle.

— J'ai cru que c'était encore un coup des DIX, merde !

— Ce n'est que moi, dit-il en souriant. Attendez une minute...

Jack fit le tour de la pièce rapidement, puis plus lentement. Il passait sa main sur les murs, derrière les machines qui ronronnaient doucement, levait les yeux sur le plafond immaculé.

Les deux filles le regardaient faire sans comprendre.

— On peut savoir ce que tu cherches ? demanda Abigail.

— Vous ne voyez pas ? On est censés être au bout du chemin, d'accord ?

— On ne sait pas où on est. Si ça se trouve, il y a encore dix mètres de mur au-dessus de nos têtes.

Jack se précipita dans le couloir et revint en courant avant de reprendre son manège : mains sur les murs, au sol, yeux au plafond, il cherchait visiblement quelque chose.

— Même s'il y a encore des mètres de béton au-dessus de nous, ça ne change rien. Regardez autour de vous... Il n'y a aucune issue, hormis la porte que nous avons empruntée pour arriver ici.

Élisabeth était perplexe.

— Et ?

— Ça veut dire que personne ne peut monter plus haut. Ou en descendre.

— Oh merde... tu penses que les Dix sont à ce niveau, c'est ça ?

Abigail mit la main sur son arme par réflexe. Mais Jack l'arrêta.

— On ne craint rien, Aby. Les drones ont été désactivés et j'ai comme l'impression qu'il n'y a pas plus de danger ici.

— Et tu penses vraiment que je vais faire confiance à ton intuition et laisser une armée nous prendre à revers, alors qu'on a les mains vides ?

Pendant ce temps, Élisabeth s'était approchée des ordinateurs et les auscultait.

— Il a raison, Abigail. On ne risque plus rien.

Abigail leva les bras au ciel.

— Quelqu'un peut m'expliquer clairement ce qui se passe ?

— Les DIX sont déjà ici.

— Et c'est censé me rassurer ?

Comme s'il n'avait attendu que ce moment précis, un écran gigantesque s'alluma sur le mur du fond de la salle.

À l'image, Évangéline les toisait. Et pour la première fois, elle était seule à l'écran.

[Alors vous avez réussi...]

— Vous n'aviez pas prévu qu'on arriverait jusque-là, n'est-ce pas ? répliqua Élisabeth.

[Nous savions que ça arriverait un jour. Mais vous avez été plus intelligents que nous le pensions.]

— Vous dites « nous », mais il n'y a pas de « nous », n'est-ce pas ?

Sur l'écran, Évangéline sourit.

[Regardez devant vous, Élisabeth, et dites-moi que nous ne sommes pas « nous »...]

Élisabeth examina les serveurs devant elle. Elle eut enfin un rictus.

— Évidemment. Ça ne veut pas dire que vous « êtes », Évangéline.

Derrière elle, Abigail s'impatientait.

— Vous allez continuer à parler par énigme ou quelqu'un va enfin finir par m'expliquer ?

Jack s'approcha d'elle.

— Les DIX n'existent pas. Ce sont des ordinateurs. Des intelligences artificielles.

— Impossible...

La jeune femme se rendit alors compte qu'il y avait dix ordinateurs face à elle. Une machine pour chacun des DIX. Et un seul émettait une lumière rouge tandis qu'Évangéline parlait.

L'écran se brouilla alors et le visage d'Évangéline se transforma en celui d'un homme d'une cinquantaine d'années. La diode rouge passa au vert tandis que sur une autre machine elle devenait rouge à son tour.

— Georges, souffla Élisabeth.

Le visage se brouilla encore, la diode changea de couleur et s'alluma ailleurs. Chaque fois qu'un visage changeait, l'ordinateur connecté se mettait en route.

DIX intelligences artificielles. DIX personnages créés de toutes pièces. DIX membres d'un gouvernement fantôme qui les dirigeait depuis presque trois cents ans.

Évangéline reprit possession de l'image.

Jack souffla à l'oreille d'Élisabeth :

— C'est elle, le serveur central. Les autres n'effectuent que des tâches subalternes.

Élisabeth hocha la tête.

— C'est par elle qu'on devra commencer. Mais pas tout de suite.

— J'attends ton signal.

[Vous croyez vraiment que vous allez gagner ? Il est trop tard, regardez ce qui se passe dehors depuis que nous avons commencé à parler...]

L'image se brouilla et la grande avenue apparut enfin.

Ce n'était qu'un immense champ de bataille : entre deux visages emplis de haine, émergeaient des faces apeurées au sein de la marée humaine. Une fusillade éclata et balaya la foule, des corps tombèrent, des gens hurlèrent.

Une femme se mit à courir vers l'entrée d'un bloc éventré. Elle n'atteignit jamais le refuge, fauchée en pleine course par une rafale de balles.

— Mais où ont-ils trouvé ces armes, bon sang ? murmura Abigail.

[Oh, il se peut que nous les ayons un peu aidés...]

L'image sauta et l'armurerie, le lieu le plus gardé de l'enceinte, apparut, portes ouvertes, envahie d'individus avides de mettre la main sur ce butin inespéré. Des hommes et femmes hystériques n'hésitaient pas à piétiner des corps étendus sur le sol boueux.

La vision d'horreur s'estompa pour laisser la place à une autre et Élisabeth identifia le bloc numéro un, celui où elle habitait depuis plus de vingt ans. Elle aperçut soudain son voisin de palier qui s'acharnait sur la porte de l'appartement à côté du sien. Cet homme, d'ordinaire si calme et poli, n'était plus que rage et fureur.

La caméra passa enfin au bâtiment du centre de contrôle d'où s'échappait, au troisième étage, une épaisse fumée noire. Là encore, ils distinguèrent des groupes, armés de tout ce qui avait pu leur tomber sous la main – couteaux, scies, marteaux… – s'attaquer à ceux qui avaient été chassés de chez eux par la peur et qui espéraient trouver refuge ailleurs.

Tout ce qui bougeait devenait une cible. Les gens hurlaient, saignaient, mouraient ou tuaient. Il n'y avait plus que deux camps : ceux qui couraient et ceux qui exécutaient.

La Cité avait perdu la raison. Elle n'était que chaos.

— Assez ! hurla Abigail. On en a assez vu.

Évangéline revint à l'écran.

[Ils n'ont même pas attendu 8 heures du matin pour s'entretuer. Si nos calculs sont bons, un tiers de la population est en train de s'autodétruire. Grâce à vous.]

Élisabeth était tétanisée, mais elle n'en montra rien à ce robot qui ne cherchait qu'à la déstabiliser.

— Nous allons vous déconnecter, Évangéline, vous le savez ?

[Nous le savons. Cela ne changera rien à la suite des événements.]

Jack sursauta :

— Attention, ils sont en train de manigancer quelque chose ! Je viens de voir un voyant clignoter sur cet ordinateur.

Il pointa du doigt la machine concernée qui commença à émettre un vrombissement. Elle s'était remise en route et cela n'augurait rien de bon.

— Éteins-le, tout de suite ! cria Abigail.

Élisabeth s'interposa :

— Non ! Si cet ordinateur est relié à Évangéline, nous n'aurons jamais les réponses à nos questions. Elle est le cerveau principal !

Depuis le couloir, un bruit d'hélice se fit entendre : les drones revenaient à la charge.

— Là, on n'a plus le choix ! Débranche-le, Jack. Maintenant !

Jack se précipita derrière le serveur et coupa tous les câbles qui le reliaient au reste de l'entité numérique. Les voyants s'éteignirent, un fracas métallique se fit entendre dans les escaliers. Les drones étaient retombés, inertes.

Élisabeth souffla de soulagement, puis se tourna vers l'écran.

— Vous êtes la prochaine, Évangéline.

[En effet, c'était inéluctable. C'est bien pour cela que vous avez été confinés dans cette enclave.]

Abigail sursauta.

— Que nous avons été confinés ¿ Qu'est-ce que ça veut dire ¿

Sur l'écran, l'IA sourit cruellement.

[Oh. Il vous manque donc encore quelques informations...]

— Elle cherche à gagner du temps ! Pendant qu'elle cause, en bas, ils sont en train de se massacrer ! grogna Jack.

— Attends encore une minute, s'il te plaît. Qu'est-ce que vous voulez dire, Évangéline ¿ Cette cité a été créée pour nous permettre de survivre aux cataclysmes extérieurs. Pas autre chose.

[Non. Cette cité n'avait pas cette vocation. Avant même le début de l'effondrement, elle existait déjà.]

— Qu'est-ce qu'elle raconte ¿ Il faut la déconnecter, vite !

Abigail ne tenait plus en place. Mais Élisabeth n'en avait pas fini. Elle voulait savoir. Comprendre comment pendant des siècles ils avaient pu être bernés par des ordinateurs, aussi intelligents soient-ils. Personne ne s'était jamais douté de quoi que ce soit durant tout ce temps. Comment était-ce possible ¿ Si Évangéline disait vrai, que cette enclave existait avant l'Effondrement, pourquoi n'étaient-ils pas sortis ¿ Elle voulait savoir.

Mais Jack avait raison, plus ils perdaient de temps à discuter ici, plus les gens s'entretuaient en bas. Elle devait agir et elle savait comment faire pour arrêter la tuerie qui se déroulait dans les rues. Élisabeth tourna le dos à l'écran et envoya un message depuis le petit ordinateur qu'elle avait avec elle. Le logiciel de piratage qu'elle y avait installé lui permettait d'être invisible aux yeux d'Évangéline. Avec un peu de chance, ils pourraient minimiser les dégâts.

Une fois son message envoyé, elle croisa les bras et foudroya l'écran du regard.

— Je vous écoute.

[Avant l'effondrement, vos ancêtres vivaient déjà entre ces murs. Ils avaient été parqués ici. Par les leurs, par nécessité. Pour le bien de l'humanité. Connaissez-vous le terme de « prison » ?]

Élisabeth et Jack échangèrent un regard étonné, Abigail haussa les épaules.

— C'est un endroit où l'on enferme les délinquants. Faut lire, ça instruit.

— Parfait, Abigail.

Soudain, la jeune femme comprit.

— Attendez une seconde, vous êtes en train de nous dire que nous sommes cloîtrés ici parce que nos ancêtres étaient des criminels ? Et qu'on est resté enfermés depuis, dans l'hypothèse que nous soyons, nous aussi, des générations plus tard, des psychopathes en puissance ?

[C'est exact. Comme je vous le disais, c'était pour le bien de l'humanité.]

— Et personne ne s'est rebellé après l'Effondrement ? Aucun n'a essayé de sortir ? Ils vous ont juste acceptés comme dirigeants et on n'en parle plus ?

[Oh si, il y a bien eu des tentatives de la part de certaines personnes. Mais nous avons fait en sorte que cela cesse.]

— Vous les avez tués.

[Exact, encore une fois.]

— Et vous avez instauré la terreur pour que personne n'essaie à nouveau.

[Nous avons été plus intelligents que ça, Abigail. Il y a trois cents ans, avant l'Effondrement, la prison comptait environ deux mille personnes. Des hommes, des femmes. Lorsque les cataclysmes sont arrivés, ceux qui avaient survécu à l'extérieur ont décidé qu'ils ne devaient sortir sous aucun prétexte. Ils avaient déjà bien assez à faire avec ceux qui devenaient fous dehors, sans se préoccuper en plus de ceux qui l'étaient déjà à l'intérieur de l'enclave. Le mur a été rehaussé et nous avons été créés pour gouverner ce lieu. Les délinquants se sont reproduits, beaucoup trop, l'enceinte devenait trop petite pour tous les contenir. Ils ont voulu sortir et nous avons dû intervenir. Il fallait supprimer toute connaissance du monde extérieur. Tuer dans l'œuf toute envie de découvrir ce qu'il y avait au-delà du mur. Il n'y avait qu'une solution : éradiquer ceux qui savaient. Et ne garder que les autres.]

Jack eut un hoquet de stupeur.

— Vous avez tué les adultes et épargné les enfants…

[Nous n'avons pas tué tous les adultes, il fallait que nous ayons de la main-d'œuvre pour élever cette nouvelle génération. En tant qu'ordinateurs, nous ne pouvions donner le biberon ou changer une couche. Nous avons donc sélectionné dix adultes. Des hommes et des femmes malléables, qui avaient tout à perdre.]

— Vous les avez menacés de tuer leurs propres enfants s'ils ne vous suivaient pas dans votre délire… Bon sang, vous êtes ignobles ! éructa Abigail.

[Nous n'avons pas eu besoin de grand-chose. La nature humaine est ainsi faite que vous êtes prêts à tout pour sauver ceux que vous aimez. Quitte à tuer les autres.]

— Combien ? demanda alors Élisabeth.

[Je ne comprends pas votre question.]

— Combien en avez-vous tué ?

[Oh. Nous n'avons gardé que les humains de plus de douze ans.]

La voix blanche d'Évangéline les glaça. Aucun état d'âme. Elle n'était qu'une machine insensible qui débitait des horreurs sans la moindre conscience de ce que cela impliquait. Des hommes et des femmes sacrifiés au nom d'une théorie délirante : des descendants de délinquants ne pouvaient qu'être à leur tour des criminels en puissance. Qu'il fallait supprimer de la surface de la terre.

Est-ce que quelqu'un à l'extérieur de cette prison se souvenait de leur existence et pouvait imaginer qu'elle gardait en son sein des survivants ? Les avaient-ils délibérément abandonnés à leur sort ou un ordinateur à l'extérieur avait-il effacé leurs traces à son tour jusqu'à ce que le monde entier oublie leur existence ?

— Pourquoi ne pas avoir tué tout le monde ? Cela aurait résolu définitivement le problème. Pas de rébellion, pas de criminels potentiels lâchés dans la nature…

[Si nous avions éradiqué cette enclave, à quoi aurions-nous servi, nous, les DIX ? On nous aurait débranchés. Alors nous avons éteint nos signaux extérieurs et nous avons fait les morts, si je puis dire, à notre tour. La cité était à nous. Personne ne savait que nous existions encore. Ou presque...]

Élisabeth était abasourdie.

— Qu'avez-vous fait des dix adultes une fois que vous n'avez plus eu besoin d'eux ?

[Nous les avons fait monter ici. Et ils ont pris notre place. Du moins, aux yeux des enfants qui avaient grandi, puisque nous avons pris leur apparence. Il ne nous restait plus qu'à changer de visage régulièrement, de nom aussi, pour que les mortels ne se doutent de rien. Nous avons inventé une enclave dans l'enclave, où vivait le gouvernement. Nos logiciels nous vieillissaient régulièrement, puis un de nous « mourait » pour être remplacé par un nouveau membre. Les générations s'enchaînaient, nous étions toujours là. Notre existence ne devait pas être dévoilée. L'homme n'est pas prêt pour ça. Vous en êtes la preuve.]

— Et une fois les adultes amenés ici, les drones ont fait le sale boulot.

[Je dirais qu'ils ont nettoyé les dernières saletés, en effet. Et jusqu'à maintenant, tout se passait bien. Puis-je à mon tour vous poser une question ?]

Les yeux embués, Élisabeth hocha la tête machinalement. Elle n'avait aucune envie de donner des informations à cette machine diabolique, mais une curiosité malsaine l'empêchait de s'opposer à cette dernière requête. Ce serait ses derniers mots, avant qu'elle ne disparaisse dans les méandres des câbles qu'ils allaient sectionner d'une minute à l'autre. Un coup d'œil à Jack suffit pour lui faire comprendre qu'il était temps d'en finir.

Évangéline pencha la tête sur le côté.

[Comment avez-vous trouvé ce chemin jusqu'à nous ? Vous n'avez pas pu le trouver par hasard. Quelqu'un vous a forcément aidés. Quelqu'un qui savait qui nous sommes. Et où nous sommes. Ce qui est, bien sûr, impossible, nous avons veillé à ce que cela ne se produise pas pendant des siècles. Alors dites-moi, Élisabeth... qui ?]

Abigail devança Élisabeth, s'avança vers l'écran et toisa Évangéline, un rictus mauvais aux lèvres.

— Ça, ça restera notre secret.

Sur le moniteur, Évangéline s'enfonça dans son fauteuil numérique.

Jack avait fini d'identifier les câbles d'alimentation reliés à chaque serveur. Après un signe de tête d'Élisabeth, il commença par éteindre Georges, puis chaque entité l'une après l'autre avant de finir par Évangéline. Il coupa le dernier câble avec une joie non dissimulée.

— Crève, charogne.

Mais avant que l'écran ne devienne noir, tous trois la virent sourire une dernière fois.

Et ils entendirent distinctement :

[Nous sommes légion...]

# Chapitre 28

Recroquevillée dans un coin, Bettany pleurait. Elle venait de perdre son âme sœur, celui avec qui elle se sentait enfin elle-même. Damian s'était sacrifié pour elle et elle n'avait rien pu faire pour l'en empêcher. Enfermée dans la tour de verre, elle n'avait plus aucune idée de ce qu'elle devait faire. C'était lui le moteur de leur duo, lui qui savait quoi faire, où aller.

Alors elle était restée là, dans ce couloir enfumé, prête à mourir elle aussi. L'espoir l'avait désertée aussi soudainement qu'il était apparu dans sa vie.

Ils avaient réussi leur mission, mais à quel prix ?

Quand son portable vibra dans sa poche, Bettany ne réagit pas immédiatement. Elle était lasse, toute son énergie l'avait quittée. Elle voulait juste dormir et se réveiller quand ce cauchemar serait fini.

La vibration se fit insistante pour bientôt ne plus s'arrêter. Éreintée, elle puisa dans ses dernières forces pour sortir l'appareil de sa poche. Elle ne comprit pas tout de suite ce qu'elle lisait, puis, une fois que les mots se furent frayé un chemin jusqu'à son cerveau malmené, une énergie nouvelle déferla dans ses veines.

Il lui restait une dernière chose à faire. Après seulement, elle pourrait s'effondrer.

Elle se releva péniblement en prenant appui sur le mur et s'engouffra dans l'ascenseur en espérant qu'il fonctionnerait encore, après que Damian… Bettany secoua la tête, elle ne voulait pas y penser. Elle appuya sur le numéro de l'étage et, avec soulagement, elle vit les portes se refermer.

De retour dans le bureau d'Élisabeth, la jeune fille alluma l'ordinateur et suivit les consignes qu'elle avait reçues.

Les écrans s'illuminèrent dans toute la ville, mais personne ne leur prêta attention. Le chaos régnait dans les rues : des familles fuyaient leur appartement dévasté par un voisin pris de folie, leurs maigres affaires attrapées à la va-vite sous le bras. Des hommes se battaient sans se soucier de savoir si c'était le visage d'un ami ou d'un frère qu'ils venaient d'exploser sous leurs poings. Des feux brûlaient çà et là et jetaient sur la Cité une lueur orangée maladive. La pluie rendait la chaussée brillante et reflétait des scènes macabres.

Dans le bureau, Bettany ne vit rien de tout ça. Elle tentait désespérément de trouver le bouton qui activait le son. Afin de pouvoir s'adresser à la foule et arrêter cette folie. Elle tâtonna sur le clavier jusqu'à dégoter enfin le commutateur du micro qu'elle enclencha d'un coup d'ongle.

Elle s'éclaircit la gorge avant de s'adresser à la nation inconsciente de ce qui s'était joué au-dessus de sa tête, à l'intérieur du mur qui retenait la population enfermée.

Sa voix, d'abord faiblarde, finit par résonner dans les haut-parleurs. Ce ne fut qu'un bégaiement incompréhensible.

Elle ne savait pas quoi leur dire, comment formuler ce que son groupe et elle venaient de faire.

Alors elle fondit en larmes devant la caméra. Ses sanglots vibrèrent dans les enceintes, provoquèrent un sifflement qui eut un effet inattendu : dans les rues, dans les appartements, tous se figèrent, mains sur les oreilles. Ils arrêtèrent de se battre instantanément.

Quand la stridulation déchirante cessa, la population leva les yeux et découvrit la jeune fille sur les moniteurs, étonnée de voir un visage inconnu.

Des murmures finirent par remonter dans la foule :

— Qui est-ce ?

— Où sont les DIX ?
— Quelqu'un sait ce qui se passe ?
Bettany s'essuya les joues avec sa manche et inspira profondément. Elle replaça machinalement une mèche de cheveux derrière l'oreille et se lança.
— Je m'appelle Bettany et je suis une Régulatrice. J'ai été désignée par les DIX pour vous tuer, sans que vous le sachiez, comme cela se produit dès que la population augmente. Mais cette fois, cela ne s'est pas passé comme prévu. Comme ils l'avaient prévu. Nous n'avons pas suivi les ordres, nous avons décidé d'en finir avec cette Régulation et ce gouvernement qui nous assassine depuis trop longtemps. Aujourd'hui, nous avons gagné. Nous avons pris le contrôle des DIX et des drones qui nous pourrissaient la vie. Personne ne viendra plus vous tuer lorsque vous vous rendrez au travail, personne ne vous suivra plus jusqu'à l'école, personne…
Sa voix se cassa.
— Nous avons gagné. Nous sommes libres.
Sur son visage, les larmes se remirent à couler.
— Mais nous vous devons des excuses. Ce soir, c'est à cause de nous que vous avez perdu des êtres chers. C'est notre faute si vous avez été obligés de commettre des actes impensables. Nous avons gagné la bataille mais nous en payons tous le prix. Je vous en conjure, oubliez les messages que vous avez reçus, oubliez les noms qui se sont affichés. La Régulation est terminée et elle ne se reproduira plus jamais. Je vous le promets. Rentrez chez vous. La vie nous attend. Je m'appelle Bettany. Et j'étais une Régulatrice.
La jeune fille coupa le signal et les écrans s'éteignirent sur un dernier sourire qu'elle espéra convaincant.
La fatigue la terrassa soudain et elle s'effondra sur le bureau.

Dans les rues, il y eut tout d'abord des froncements de sourcils, des moues dubitatives, un sentiment de peur qui figeait des traits déjà marqués sur des visages noirs de poussière. Puis un cri de joie creva le silence et tous se dévisagèrent, hébétés, comme s'ils émergeaient d'un mauvais rêve.

Peu à peu, ils prirent conscience de ce qu'impliquait cette déclaration. Des mains se tendirent pour s'étreindre, des bras accueillirent des corps secoués de sanglots. Des murmures glissèrent sur la foule : plus de couvre-feu, plus d'ordres, plus de Régulation.

Ils étaient sauvés. Les DIX n'existaient plus.

Ils virent alors les corps étendus sur la chaussée, témoignant de la violence des heures passées. Le sang s'écoulait dans les caniveaux, les râles des mourants crevaient le silence tombé sur la Cité. L'horreur leur éclata au visage. Quelques personnes commencèrent à émerger de leur sidération et à porter secours aux blessés. Puis les cris de désespoir reprirent. Tels des automates, les habitants cherchaient leurs proches dans cette débâcle, s'étreignaient pour se prouver qu'ils étaient encore en vie, avant de s'éloigner du champ de bataille, et se mettre à l'abri.

La Régulation était finie, mais l'Homme avait prouvé qu'il n'était qu'un animal capable du pire face à la menace. Donnant raison à une intelligence artificielle maintenant détruite.

# Chapitre 29

Les jours qui suivirent furent éprouvants. Le compost s'enrichit de plusieurs centaines de corps. Faute de place, certains durent être incinérés, pour la première fois depuis de nombreuses années.

Les rues furent nettoyées, les vitrines endommagées furent détruites avec une rage féroce, puis réparées, et les blessés soignés.

Les habitants de la Cité évoluaient tels des zombies, dévastés par les pertes qu'ils avaient subies et provoquées eux-mêmes, et la découverte du véritable visage des DIX qui les avaient dirigés pendant des siècles.

Bettany faisait partie de ceux-là. Enfermée dans la boutique que Wilson avait tenue, elle n'était pas sortie depuis la libération de l'enclave. Malgré les visites répétées d'Élisabeth et Abigail, elle restait prostrée entre deux rayons renversés, à quelques mètres de la cave où béait encore le trou dans le mur.

Ils avaient redescendu le corps du grand bonhomme le lendemain de la libération. Bettany avait tenu à ce qu'il soit enterré, comme dans l'ancien temps, dans une parcelle du verger : lorsque les arbres fleuriraient au prochain printemps, elle y verrait alors un signe de sa présence. À côté de lui reposait Damian. Une autre fleur dans le cœur de la jeune fille.

Elle avait lu les carnets qu'Élisabeth lui avait donnés et découvert ces femmes qui avaient essayé avant eux de détruire les DIX. Toutes étaient mortes pour avoir osé se rebeller. Il ne restait d'elles que ces témoignages de leur courage.

À la lecture de ces lignes, elle avait compris pourquoi les choses n'avaient jamais changé dans l'enclave. La peur était un moyen coercitif dont les DIX avaient abusé pendant trois siècles.

Elle avait ensuite pleuré en caressant du doigt l'écriture de Wilson, cherchant dans ce geste désespéré un peu de l'homme qui avait été son père de substitution durant toutes ces années. Il avait voulu l'associer à son combat, et lui avait suffisamment fait confiance pour lui révéler son secret.

Maintenant, il était mort, et elle ne pourrait plus jamais lui crier dessus quand il l'énervait. Elle ne l'entendrait plus l'appeler depuis l'autre bout de la boutique. Il n'entrerait plus jamais dans l'atelier sans frapper.

Au terme du septième jour, Bettany sortit du magasin et claqua la porte derrière elle, un sac de sport sur l'épaule. Pour la première fois depuis la mort de ses amis, elle se sentait en paix. Elle se dirigea vers le centre de contrôle, où elle savait qu'elle trouverait Élisabeth. Revenir dans ce bâtiment lui broyait le ventre, mais elle ne se laissa pas envahir par les émotions. Elle s'était donné une mission et elle irait jusqu'au bout, quoi qu'en disent les autres.

Elle trouva Élisabeth dans son bureau, comme à son habitude, le téléphone vissé à l'oreille.

— Des élections ? disait-elle. Tu ne trouves pas ça un peu prématuré ? Non, je n'ai pas dit qu'on devait continuer comme ça, je dis juste que c'est encore trop tôt. On n'a pas fini de remettre les choses d'aplomb, alors… Non ! Certainement pas !

Elle s'aperçut alors de la présence de la jeune fille et coupa court à sa conversation.

— On en reparle plus tard, je dois te laisser.

Elle posa le téléphone et sourit à Bettany.

— Je suis heureuse de te voir ailleurs que…

Sa phrase resta en suspens.

— Dans ce mausolée à la mémoire de Wilson ? Tu as raison. Il y a d'autres choses à faire. Qu'est-ce que c'est que cette histoire d'élections ?

Élisabeth balaya l'air de la main.

— Abigail veut qu'on organise au plus vite des élections pour remplacer les DIX. Je ne suis pas d'accord. Les gens sont encore traumatisés par les événements, ils doivent revenir à la vie avant qu'on engage quoi que ce soit. Et surtout, elle veut que je sois la présidente ! Non, mais tu y crois, toi ? Comment je pourrais assumer une telle responsabilité ? C'est n'importe quoi.

— Tu ferais pourtant une très bonne dirigeante. Tu en as l'étoffe. Tu l'as prouvé pendant que vous étiez là-haut.

Élisabeth haussa les épaules.

— Mais je pense que tu as raison : il est trop tôt, continua la jeune fille.

— Enfin quelqu'un de sensé dans ce monde de fous ! Et qu'est-ce que tu trimballes dans ton sac ?

Bettany posa un regard sur le sac de sport à ses pieds et sourit.

— Je vais ouvrir le mur et sortir.

— Je te demande pardon ?

— Tu m'as très bien comprise. Dans ce sac, il y a une pioche. Celle de Wilson. Je vais attaquer le mur et sortir d'ici.

— Nous n'avons pas encore sécurisé la zone extérieure ! Les drones de surveillance ne sont pas encore opérationnels, c'est de la folie !

— Tu ne m'arrêteras pas. Je vais partir de ce bureau et attaquer le béton. Je tenais juste à te prévenir, car je pense que lorsque j'aurais commencé, d'autres s'y mettront avec moi. Personne ne veut continuer à vivre ici. Du moins, ceux qui ont trop perdu ne veulent plus voir cet endroit le matin au réveil ou le soir avant d'aller dormir et être envahis de cauchemars. Tu parles d'élections et c'est une bonne chose. Pour ceux qui décideront de rester enfermés entre ces murs.

Et il y en aura. Avec les autres, nous allons partir. Loin d'ici. Et vous ne pourrez rien faire pour nous en empêcher.

— Est-ce que tu as pensé aux bêtes sauvages de l'autre côté ? À cette jungle dont on ne connaît rien ? Où te mettras-tu à l'abri si une tempête survient ? Bon sang Bettany, tu te mets en danger et les autres aussi ! Si tu ouvres une brèche, nous ne serons plus en mesure de nous protéger à l'intérieur !

— Tu sais aussi bien que moi que les cris que nous entendions n'étaient pas réels. Ce n'était que des enregistrements que les DIX diffusaient pour nous faire peur et nous empêcher de sortir. C'est fini, maintenant.

— Rien ne nous dit que ces animaux n'existent pas. Ils rôdent peut-être dehors.

— Wilson voulait partir, Élisabeth.

— Et je ne l'aurais pas laissé faire !

Élisabeth était au bord des larmes.

Bettany souffla.

— Je ne suis pas venue te demander ton autorisation. Juste t'en informer.

Elle se saisit alors de son sac, le cala sur son épaule et, avant de sortir, envoya un baiser du bout des doigts à Élisabeth qui la regardait, pétrifiée, courir à sa perte. À leur perte à tous.

Mais lorsqu'elle vit la détermination dans les yeux de la jeune fille, cette lueur de défiance qui n'attendait qu'un geste de sa part pour s'enflammer, elle sut qu'elle n'aurait jamais gain de cause. Une seule solution aurait pu empêcher Bettany d'aller au bout de son projet : l'enfermer. Et Élisabeth n'était pas prête à devenir ce qu'elle avait combattu.

Alors elle lui renvoya son baiser et la laissa partir.

# Chapitre 30

Il n'avait pas fallu longtemps pour que des gens se joignent à Bettany. À peine quelques coups de pioche et des badauds interpelés par son manège étaient venus s'attrouper autour d'elle. Quand ils avaient commencé à comprendre ce qu'elle faisait, une lente clameur avait parcouru la foule puis ils étaient partis chercher des outils pour l'aider. Des pelles, des pioches, des marteaux ou même des cuillères en métal, tout était bon pour creuser.

Depuis plusieurs heures, seul le bruit des outils contre le béton gris résonnait dans la Cité. Des relais s'étaient mis en place pour soulager ceux qui creusaient, des seaux étaient apparus pour déblayer la zone et leur laisser plus de champ libre. Des enfants étaient partis chercher des bouteilles d'eau et leur apporter de quoi manger. Les travaux avaient pris des airs de fête au milieu du désordre des derniers jours. Le trou s'élargissait d'heure en heure, tandis que la nuit se faisait plus noire. Personne n'avait quitté le chantier.

Au petit matin, un éclat de béton laissa percer le jour de l'autre côté du mur. Soudain, les outils et les voix se turent. L'instant était comme suspendu entre les deux mondes, celui qu'ils connaissaient tous et celui qui les attendait au-delà de cette humble brèche.

Tous reculèrent. L'euphorie et la peur faisaient battre leur cœur plus vite. Les têtes se tournèrent vers Bettany dans l'attente de ses instructions. C'était tout naturellement qu'ils l'avaient désignée comme meneuse du groupe. Elle n'avait qu'à demander, ils exécutaient. Du haut de ses dix-huit ans, elle montrait une détermination qui faisait défaut à beaucoup et les gens avaient besoin de suivre quelqu'un, c'était dans leur nature. Elle était le visage de la liberté. La voix qui leur avait annoncé que la Régulation était finie, que les DIX n'existaient plus. Qu'ils n'avaient jamais existé. Elle était le bras qui avait ouvert le mur, et ils se raccrochaient à elle comme des naufragés à leur bouée.

Bettany ne s'en était même pas rendu compte, trop occupée à creuser pour fuir. Fuir cet endroit, fuir ses souvenirs. Recommencer à zéro.

Debout devant l'ouverture, elle sourit. Puis elle se tourna vers la foule et dit :

— Nous y sommes. Ceux qui veulent venir avec moi, vous êtes les bienvenus. Nous ne savons pas ce que nous trouverons derrière. Peut-être rien de plus qu'une immense forêt. Peut-être que nous serons confrontés à des choses dangereuses. Peut-être que nous ne reviendrons jamais. Je ne le sais pas et je ne peux rien vous promettre. Je veux juste quitter cet endroit. Je vais aller chercher mes affaires, de la nourriture pour quelques jours. Je vous suggère de faire de même. Dites adieu à ceux que vous laissez si vous le souhaitez. Et retrouvons-nous ici dans deux heures.

Elle posa sa pioche et fendit la masse de corps qui lui faisait face, sans un mot supplémentaire.

La jeune femme entendit quelques murmures, des échanges à voix basse, mais ne s'en préoccupa pas.

Elle retourna à la boutique de Wilson, empaqueta quelques affaires, puis se dirigea vers le verger.

Face à la terre fraîchement retournée, Bettany se pencha et mis une main sur chaque monticule.

— Damian, Wilson, je m'en vais. Je ne sais pas si je reviendrai, je ne sais même pas si j'ai pris la bonne décision. Mais je dois partir, je n'ai pas le choix. Où que je regarde dans cette enclave, je vous vois, tous les deux. Et le fait que j'ai été incapable de vous sauver me brise le cœur. Peut-être que je fuis. Mais je sens aussi que je dois y aller et je sais que vous veillerez sur moi.

Les yeux pleins de larmes, elle se releva et tourna le dos aux tombes. Elle en avait fini avec l'enclave.

Devant le mur l'attendait Élisabeth. Droite dans son éternel costume bleu, elle était superbe. Sa peau sombre contrastait avec le gris métallique de la muraille derrière elle. À ses pieds, plusieurs sacs noirs interpelèrent Bettany qui les regarda, les sourcils froncés.

Élisabeth sourit.

— Je n'allais pas vous laisser partir les mains vides, alors je suis passée faire un tour à l'armurerie et j'ai récupéré ce que je pouvais.

Elle ouvrit le premier sac et en déversa le contenu au sol : fusils, munitions, grenades et couteaux s'étalèrent devant elles. Élisabeth attrapa une carabine et la tendit à Bettany, médusée.

— Je les ai tous vérifiés personnellement. Ils ne sont pas de première jeunesse, mais ils fonctionnent. Nous ne savons pas ce que vous allez affronter dehors, autant que vous ayez de quoi riposter en cas de problème.

Bettany lâcha ses affaires et se précipita pour l'enlacer.

— Merci, Ely, pour tout ce que tu as fait.

— Ne me dis pas merci. Fais juste en sorte de survivre. Et reviens si tu le veux. Tu seras toujours la bienvenue ici.

Sa voix tremblait. La jeune fille la serra encore plus fort, s'accrocha à elle et sentit sa détermination vaciller un instant. Au milieu des larmes, elle vit alors des familles entières qui attendaient devant l'ouverture, besaces à la main, enfants dans les bras. Des centaines de gens. Elle sut ainsi qu'elle avait pris la bonne décision. Elle n'était pas seule. En même temps, elle était terrifiée par tous ces gens qui la suivaient aveuglément. Elle espérait ne pas les mener à l'abattoir. Dehors, c'était l'inconnu. C'était dangereux, mais pour rien au monde elle n'aurait tenté de les dissuader de la suivre. Pour la première fois, ils étaient libres. Libres de décider, libres de sortir ou de rester.

Elle s'écarta d'Élisabeth et essuya ses larmes d'un revers de main. Soudain, elle vit arriver Jack et Abigail. Eux aussi portaient un petit baluchon et un fusil en bandoulière. Ils lui sourirent et vinrent se placer à ses côtés. Jack posa une main sur son épaule.

— Tu ne croyais pas qu'on allait te laisser affronter ça toute seule, quand même ?

— T'es encore qu'une gamine. Tu as besoin de grandes personnes avec toi, renchérit Abigail en riant.

Bettany sentit son cœur exploser de gratitude. Elle leur prit la main et ensemble, ils allèrent finir ce qu'elle avait commencé et agrandirent le passage. Le groupe s'engouffra dans la brèche. L'inconnu les attendait.

# Épilogue

***Extrait du carnet zéro. Perdu.***

*Ils nous ont obligés à les tuer. Tous. Même ceux que nous avions bercés, aimés, vus grandir pendant tant d'années. Je ne peux plus me regarder dans une glace sans voir le visage d'une meurtrière. Je ne peux plus me laver les mains sans voir le sang qui les couvre, elles qui tremblent en permanence. Je savais que ce jour arriverait, mais je n'étais pas prête. L'aurais-je été un jour ? Certainement pas.*

*Ils avaient tout planifié. Et j'ai accepté d'être ce bourreau le jour où ils nous ont épargnés, mes neuf camarades et moi. Nous avons signé un pacte avec des démons en toute connaissance de cause. Qu'aurais-je pu faire ? C'était soit ça, soit ils nous tuaient, ma fille et moi. Ce n'est pas un choix. Juste une évidence. Ma fille. Mon amour. Ma raison d'être. Elle a pu survivre à cette purge, elle n'a que neuf ans. Georges et Margaret n'ont pas eu cette chance. Ils ont vu mourir la chair de leur chair sous les balles de ces maudits drones. J'entends encore leurs cris de désespoir, de douleur. Je voudrais tellement me terrer dans un trou et ne plus rien voir, ne rien entendre, ne rien sentir.*

*J'ai décidé d'écrire aujourd'hui notre histoire. Pour que les enfants sachent. Je ne peux pas leur dire, les drones nous écoutent à chaque instant. Je cacherai mes notes ici, dans ce réduit où je vois à peine ce que j'écris, en espérant que personne ne les trouvera avant que j'aie pu les transmettre.*

*Alice est trop jeune pour que je lui confie ce secret. Je vais devoir compter sur un autre enfant. Car je sais que le temps m'est compté. Maintenant qu'ils ont effacé la mémoire de l'enclave, nous sommes les dix derniers survivants d'une époque révolue. Et ils n'hésiteront pas à nous effacer aussi lorsque le moment sera venu.*

*Georges veut qu'on sorte de cet endroit. Et abandonner ces enfants à leur sort ¿ Nous ne pourrons jamais les emmener tous. Sans nous, ils ne survivront pas. Nous devons rester. Encore un peu...*

*Georges a réussi à sortir. Comment n'a-t-il pas été repéré par une de ces machines diaboliques, aucune idée ! Mais il a réussi. Il nous reste peu de temps avant que ces ordinateurs de malheur comprennent ce que nous essayons de faire. D'après Georges, il y a de la vie au dehors. D'autres gens. Il a vu des lumières au loin, celles d'une ville à quelques kilomètres de nous. Il a décidé d'y aller et qui sait, trouver de l'aide ! La trouille me dévore le ventre et en même temps, je suis survoltée ! L'idée de savoir que nous ne sommes pas seuls me réconforte plus que je ne l'aurais imaginé ! Et si je peux sauver ma fille, alors il n'y a pas à hésiter !*

*Dan veut partir avec lui, pour plus de sécurité. Judith aussi voulait y aller, mais nous avons décidé qu'ils iraient seuls. Nous ne pouvons pas nous permettre de nous faire repérer. Ils partiront ce soir. Reste à espérer qu'ils ne reviendront pas seuls. Et surtout, qu'ils reviendront. Qu'ils ne nous abandonneront pas ici.*

*Ils sont rentrés. Et nous avons muré la seule issue qui nous reliait à l'extérieur. Nous savons maintenant pourquoi nous sommes là. Nous ne devons jamais sortir d'ici. Jamais. Car nous avons découvert que ce n'est pas l'extérieur qui est dangereux pour nous, comme nous l'avait fait croire cet ordinateur maudit. C'est nous qui le sommes. Du moins, le croient ceux qui vivent dehors. Et ils n'hésiteront pas à tous nous tuer si l'on sort de là. Parce que nous sommes les héritiers de ce qu'il y avait de plus vil dans la société d'avant. Nous portons les stigmates de nos origines, les gènes de criminels parqués derrière ces murs, de psychopathes enfermés pour les tenir loin d'eux.*

*Ils nous tueront. Sans la moindre hésitation. Ils ne sont pas meilleurs que cette intelligence artificielle sans âme et sans cœur.*

*Qui est le monstre, ici ?*

*PERSONNE NE DOIT JAMAIS SORTIR.*

Au loin, ils avaient vu la fumée au-dessus de l'enclave. Jusqu'à ce jour, ils ne savaient pas si qui que ce soit avait survécu.

Ils en avaient la preuve.

Et ils étaient prêts.

Ils les attendaient. Ils étaient légion.

## Carnet 1. Evie. An 136, jour 55

J'ai vu quelque chose de bizarre aujourd'hui sur les écrans de contrôle. Cela fait bien longtemps que nous n'observons rien de plus que des plantes, de la boue et quelques animaux pas plus gros qu'un sac de course passer sous les caméras. Mais aujourd'hui, c'était différent.

Je pense avoir vu quelqu'un. Un homme ou une femme, je n'en ai aucune idée. Ce n'était qu'une silhouette encapuchonnée, mais je suis presque sûre qu'il s'agissait d'un homme. Il se tenait là, à quelques mètres du mur, sans bouger. Je n'ai pas eu le temps de le détailler, le drone n'était pas programmé pour s'arrêter et quand j'ai repris la main sur sa trajectoire, il n'y avait plus personne. Ou plus rien. Tout était comme d'habitude : vide. J'ai tenté de zoomer au maximum, afin de relever une empreinte de pas, un signe que je n'avais pas rêvé. Mais le drone n'a jamais voulu descendre assez près du sol pour que je puisse voir quoi que ce soit.

Si j'ai vraiment vu un être humain, là, de l'autre côté du mur, la vie serait donc possible à l'extérieur ? Les DIX nous ont pourtant certifié qu'il n'y avait plus rien.

Que les humains avaient été éradiqués il y a des siècles en dehors de l'enceinte, par les catastrophes climatiques, les émeutes, les incendies et autres désastres. Ils nous ont certifié que nous étions les seuls survivants.

Et qui suis-je pour remettre en question ce qu'ils nous disent ? Ils étaient là avant moi. Avant nous tous, d'ailleurs. Nous ne sommes que des enfants. Eux seuls savent ce qu'il y a au-delà du mur.

Mais je ne peux pas m'empêcher de penser que d'autres êtres humains ont peut-être survécu aussi. Cet homme en serait la preuve. Comment ont-ils résisté aux catastrophes ? Combien sont-ils ? Sont-ils en danger ?

Sont-ils UN danger ?

Ma mère m'a dit un jour que ma grand-mère savait. Elle a fait partie des DIX, elle aussi. Les premiers qui sont montés dans le mur pour ne jamais en redescendre. C'était il y a longtemps. Très longtemps. Et ma grand-mère n'a jamais rien dit de plus. Le secret s'est éteint avec elle.

Mon esprit n'arrête pas de revenir à cette silhouette. À cet homme. Bon sang, est-ce que depuis que je l'ai vu, il a été dévoré par une bête ? Est-il en train de mourir d'une maladie fulgurante ? Ou bien est-il retourné auprès des siens – il en a forcément – vivre une vie tranquille et sans histoire ?

Il faut que je revoie la vidéo. Après, je ferai un rapport pour signaler l'incident.

Il y a des gens dehors. J'en suis persuadée.

## Carnet 1 – Evie – An 136, jour 57

Il n'y a plus aucune trace de ce que j'ai vu. Rien. Tout a été effacé. Je ne comprends pas ! Pourquoi ? Je n'en ai parlé à personne, j'étais seule dans le bureau de surveillance quand j'ai vu cette… présence. Alors qui ? Il n'y a pas trente-six solutions. Ce ne peut être que les DIX. Eux seuls ont accès aux vidéos de surveillance extérieure et le pouvoir de supprimer les images. Nous ne sommes là que pour regarder l'écran et appuyer sur un bouton en cas d'alerte. Ils ont donc vu la même chose que moi, sinon ils n'auraient pas effacé la vidéo qui prouve la présence d'un être humain à l'extérieur.

Il y a donc bien de la vie au-delà du mur. C'est une preuve irréfutable, mais ils ne veulent pas que cela se sache.

Qu'est-ce qu'ils nous cachent d'autre ? Est-ce que cela s'est déjà produit auparavant ? D'autres personnes dehors sont-elles venues avant jusqu'à l'enceinte ?

Tant de questions, aucune réponse.

Les drones tournent autour de moi depuis deux jours, comme des mouches. Ils me surveillent. Ils savent ce que j'ai vu. Ce que je n'aurais pas dû voir.

Je suis en danger.

## Carnet 1 – Evie – An 136, jour 61

Les drones ne m'ont pas lâchée. Ils sont toujours là, dès que je fais un pas dans la rue, à ma fenêtre quand je me lève. J'ai même vu la diode des caméras de surveillance s'allumer sur mon passage alors que j'allais au travail. Je ne peux même plus éteindre mon téléphone portable, comme si la fonction avait été désactivée. Je suis sous haute surveillance, chaque jour, chaque minute.

Mais je garde le secret sur cette silhouette aperçue si furtivement. Si je parle à quelqu'un, il sera aussi menacé et je ne peux pas porter cette responsabilité. Je vais certainement être affectée à un autre poste.

C'est déjà arrivé dans le passé. Pour moins que ça. Ou bien pour la même chose, je ne sais pas. Personne ne parle, ici. Nous avons une clause de confidentialité. Et nous avons tous peur.

J'ai eu le malheur de voir ce qu'il ne fallait pas...

**Carnet 1 – Evie – An 136, jour 63**

La Régulation a commencé et j'ai été désignée. Ils se débarrassent de moi. Je vais mourir. Tout ça parce que j'ai fait mon travail. Tout ça parce que j'étais devant mon écran au mauvais moment. Je déteste cet homme qui est venu jusqu'à nous. Je le hais de toute mon âme. S'il n'avait pas approché cette enceinte, rien de tout cela ne serait arrivé.

Je n'ai rien dit à personne. J'ai gardé le secret.

Je vais confier ce carnet à May. Juste au cas où...

Parce que je sais que je vais mourir. À cause de quelqu'un qui ne saura jamais que je l'ai vu.

**Carnet 2 – May – An 136, jour 85**

C'est à moi de reprendre le flambeau. Lorsque Evie m'a donné ce carnet et les plans, je n'avais aucune idée de ce que j'allais y trouver. Et je n'en ai pas cru un mot. Pourquoi les DIX voudraient-ils nous interdire de sortir si la vie était possible à l'extérieur ? Cela résoudrait tous nos problèmes : plus de pénurie de nourriture et de restriction, plus de surpopulation (à nous les grands espaces !) Et par conséquent, plus de Régulation.

S'ils nous maintiennent entre ces murs, c'est qu'il y a une bonne raison. Et nous la connaissons tous depuis notre naissance : l'extérieur est pollué, dangereux et nous sommes les derniers.

Mais quand Evie est morte, j'ai su qu'elle avait dit vrai.

La Régulation n'est qu'un leurre. Ils veulent nous garder ici comme du bétail, sous leurs ordres. Nous sommes prisonniers de ces murs, de leur système.

Ce sont des ordures. Parce qu'il y a une autre chose que j'ai découverte aujourd'hui, une chose qui a échappé à celles qui m'ont précédée dans ces carnets, et qui confirme qu'ils ne sont que des menteurs, des manipulateurs. Des tueurs.

Personne ne gagne jamais la Régulation. À la fin, tout le monde meurt.

Je travaille au compost depuis des années et pour la première fois, j'ai compté les corps depuis le début du massacre. Cora devait être la dernière puisque après son décès, les écrans ont annoncé la fin de la tuerie à grands coups d'intervention des DIX et de musique tonitruante, censée nous rassurer.

Mensonges.

Dix jours plus tard, un corps est arrivé. Et je sais reconnaître le cadavre d'une personne qui a participé à la Régulation. Je venais d'en voir quelques-uns dans les dernières semaines. Ces morts-là, ils ne décèdent pas tranquillement dans leur fauteuil. S'ils sont régulés, ils ont tenté de se défendre : leurs ongles sont souvent arrachés, ils présentent de multiples blessures, pas forcément mortelles. Et quand ils se sont fait cueillir par surprise, ils meurent d'un coup de couteau dans le cœur, dans le dos, la nuque brisée ou le crâne enfoncé. En général, ce n'est pas beau à voir. Les Régulateurs, eux, on les distingue aussi facilement des autres : ils ont des griffures sur les bras, des plaies tout juste cicatrisées, des hématomes qui virent au vert quand ils ont réussi à vivre plus longtemps que les autres. Alors quand ce corps est arrivé au compost, j'ai su qu'il était le dernier. Et quand j'ai eu fini les comptes, nous étions sur un chiffre pair.

C'était plutôt logique, dans le fond. S'ils l'avaient laissé vivre, il aurait pu craquer, s'en prendre à d'autres. S'en prendre à eux dans un accès de folie. Qui ne deviendrait pas fou après avoir vécu une horreur pareille ? Il aurait pu se rebeller pour ce qu'il avait vécu.

En le tuant, ils ne prennent aucun risque, un mort ne peut pas péter les plombs !

Alors, on s'en débarrasse. Comme ça, en claquant des doigts.

Aujourd'hui, je suis en colère. Contre eux. Contre moi aussi, qui n'ai rien vu de tout ça en coulisses. Qui n'ai pas cru mon amie alors qu'elle est morte pour avoir vu quelque chose qu'elle n'aurait pas dû.

Les choses vont changer. Je m'y engage.

**Carnet 2 – May – An 136, jour 123**

Nous sommes déjà une bonne douzaine. Ça n'a pas été facile de savoir à qui je pouvais faire confiance, mais je n'avais pas le choix.

Au départ, j'en ai parlé à Molly. Comme moi, elle n'y a pas cru quand je lui en ai parlé, mais j'avais les carnets avec moi. Le décompte des corps a été le coup de grâce pour Molly. Son oncle faisait partie des morts.

Avec les plans, nous savons où chercher l'accès qui nous mènera en haut de l'enceinte.

Nous monterons. Coûte que coûte.

**Carnet 2 – May – An 136, jour 145**

Demain, nous montons à la tour d'ivoire. Sept personnes supplémentaires nous ont rejoints.

Nous allons prendre le pouvoir et renverser ces gens qui s'amusent avec nous pour leur bon plaisir.

Ça suffit. Nous avons aussi le droit d'être libres. Nous voulons sortir. Nous voulons vivre.

## Carnet 2 – May – An 136, jour 147

Les drones nous attendaient devant la boutique, armés jusqu'aux dents. Nous avons été trahis. C'est certainement Lionel qui a vendu la mèche, il n'était pas au rendez-vous. Nous sommes partis sans lui, pensant qu'il avait changé d'avis. J'aurais dû flairer le piège.

Tu parles, il savait bien ce qui nous attendait là-bas ! Une vingtaine d'engins rien que pour nous. Ils ont ouvert le feu dès que nous avons tourné au coin de la rue.

Ça a été un carnage.

Julia et moi avons réussi à nous échapper. Je ne sais pas si d'autres ont survécu. Nous avons détruit notre téléphone, mais ils nous traquent depuis hier par le biais des caméras et des drones qui quadrillent la ville.

J'ai réussi à retourner chez moi, mais je ne peux pas rester ici. S'ils viennent, ils tueront ma famille. Ils tueront tout le monde.

Je vais me livrer pour sauver les autres. Je n'ai pas le choix. Les carnets et les plans resteront ici pour que personne ne les trouve. Peut-être que d'ici là, les choses auront changé.

J'aurais aimé dire adieu à ma fille, lui expliquer pourquoi j'ai fait ça. Pourquoi elle ne me reverra pas.

J'espère juste qu'un jour, elle saura.

## Carnet 2 – May – An 136, jour 149

Ils ne m'ont pas tuée, ils sont pires que ce que j'avais pu imaginer.

Je vivrai, à la condition que plus personne ne se dresse contre eux. Que tous ceux qui ont été associés, de près ou de loin, à mon entreprise, soient identifiés. Et tués. Par moi.

Si j'avais refusé, ils tuaient ma fille, sans sommation, puis mes proches. Le moindre lien affectif avec moi devenait synonyme d'exécution.

Je suis tracée en permanence. Mes trajets sont étudiés à la loupe, mes conversations enregistrées par le biais de mon téléphone que j'ai interdiction d'éteindre, même quand je dors. Et si d'aventure il me prenait l'envie de transgresser ces règles, je ne le pourrais pas, ils ont bloqué mon téléphone.

Cerise sur le gâteau : si un jour, quelqu'un décide de reprendre mon action, ma fille mourra et je mourrai ensuite.

Je vais cacher les carnets dans mon placard, sous les lattes du plancher pour que personne ne tombe dessus avant des années. Je veillerai à ce que personne ne s'en approche.

Mais un jour, quelqu'un les trouvera.

Alors si vous lisez ces lignes, sachez qu'ils ne reculeront devant rien pour vous anéantir. Soyez discrets. Soyez vigilants. Et faites-les payer. Cher. Qu'ils souffrent autant que nous avons souffert.

Au nom de tous ceux qui ont essayé avant vous.

## Carnet 3 – Cora – An 221, jour 125

Nous avons retrouvé les plans de l'enceinte, par hasard, au fond du placard de l'appartement de la vieille May, morte depuis longtemps, avec des carnets écrits par des femmes qui ne sont plus de ce monde non plus. Ça fait longtemps qu'ils doivent être là, ils tombent en poussière, mais ils sont une véritable aubaine. Nous avons appris tellement de choses ! Il y aurait des gens au-delà de l'enceinte ! Derrière ces murs, il existe autre chose qu'une jungle hostile, des phénomènes climatiques dangereux et de l'eau à perte de vue, comme cela nous a été enseigné.

Isobel a décidé de reproduire les plans afin qu'ils ne disparaissent pas. Nous en avons besoin pour trouver une issue à ce cauchemar et ils sont notre seule chance de sortir de là. Depuis que nous avons appris par ces carnets qu'il y avait de la vie au-dehors, nous n'avons plus qu'une idée en tête : sortir. Partir loin et rejoindre ceux qui vivent au-delà des murs.

En observant les schémas, nous n'avons vu aucune ouverture sur l'extérieur. Juste un escalier qui s'élève jusqu'au sommet de l'enceinte, dans les quartiers des DIX. Myriam veut qu'on y monte et qu'on « dézingue ces ordures qui nous dirigent », comme elle dit.

Elle n'a que seize ans. Elle est fougueuse, mais inconsciente. Nous devons préparer notre action. Étudier toutes les possibilités avant de foncer tête baissée.

Ces carnets nous ont appris une chose essentielle : nous devons être prudentes. Les DIX nous surveillent, quoi qu'on fasse, quoi qu'on dise.

Et si Myriam continue à n'en faire qu'à sa tête, elle va nous faire repérer. Je l'ai prévenue, elle doit arrêter de fouiller partout. Ce sont peut-être des ordures, mais ils ne sont pas fous. Ils ne se laisseront jamais surprendre par une bande de gamines écervelées.

Elle a même demandé une réaffectation à la surveillance extérieure, pour être « aux premières loges, comme Evie ». Rien de ce qu'on a pu lui dire ne l'a fait changer d'avis.

Isobel a peur pour sa sœur et s'en veut de l'avoir mise dans la confidence. Je la comprends. Je n'ai personne, je suis seule, et pourtant je suis morte de trouille. Je n'ose imaginer si j'avais en plus à me soucier des autres.

Nous allons y arriver. Il le faut, mais nous devons être vigilantes.

Très vigilantes.

### Carnet 3 – Cora – An 221, jour 127

Isobel est morte ! Mon Dieu... Sous les yeux de sa sœur ! Le contremaître du chantier de consolidation du mur a dit que c'était un accident. Mais Myriam a tout vu. Il y a d'abord eu le drone qui leur tournait autour, puis cette machine infernale s'est emballée. D'un coup. Tout le béton s'est déversé sur ma pauvre amie. Elle a été ensevelie sous des tonnes de ciment frais, emmurée vivante en quelques secondes.

Myriam a essayé de sauver sa sœur, mais elle a bien failli y rester aussi quand la machine s'est remise en route et a commencé à reculer sur elle. Elle n'a rien pu faire d'autre que de regarder ce tas de boue liquide noyer sa sœur, la seule personne qui lui restait au monde.

Je leur avais dit que c'était une mauvaise idée d'aller fouiner du côté du mur ouest ! Mais elles étaient persuadées que c'était là-bas qu'il y avait une issue, dissimulée derrière une porte, invisible si l'on n'avait pas le nez collé dessus.

Il n'y a évidemment aucune porte. Juste la mort. Nous ne sortirons jamais d'ici. Les DIX veillent.

### Carnet 3 – Myriam – An 221, jour 234

Ils ont eu aussi Cora. Notre belle et intelligente Cora. Elle était celle qui en faisait le moins dans l'équipe. Pas par fainéantise, non. Par prudence. Depuis la mort de Myriam, nous n'avons plus rien fait. Plus de rébellion. Plus de plans extravagants, plus de recherches d'une porte illusoire sur la jungle, plus de rêves d'évasion. Nous étions revenues à notre petite vie tranquille, sans faire de vague. Mais les DIX sont tenaces. Ils n'oublient pas.

Je suis la prochaine. Alors j'ai fini de recopier les plans, pour qu'ils servent à d'autres après nous. Je les ai rangés au même endroit, dans le placard de la vieille May que ma mère n'utilise jamais – en mémoire de la grand-mère, dit-elle. Peut-être que quelqu'un les trouvera. Peut-être qu'ils se désintégreront avec le temps.

On aura fait ce qu'on a pu. C'est-à-dire pas grand-chose. Mais qu'aurions-nous pu faire de plus ? Dès que l'on cherche des poux aux DIX, ils répliquent. Ils sont le mal. Ils ont des yeux partout. Personne n'est à l'abri.

Depuis trois jours, le compost se remplit de Régulés.

Je suis persuadée que mon nom s'est affiché quelque part.

On me guette.

On m'attend au tournant.

## Carnet 4 – Wilson – An 302, jour 25

Je prends le relais de ces femmes qui ont tenté de s'opposer à ceux qui nous dirigent encore aujourd'hui. Presque cent ans se sont écoulés et personne n'a rien fait depuis. Car personne ne savait qu'un jour, des femmes ont essayé d'écrire l'histoire, mais se sont heurtées à plus forts qu'elles.

Ces carnets sont restés au fond d'un placard où le frère de ma défunte femme habitait. Le frère qui a assassiné de sang-froid sa propre sœur lors la

Régulation pour se suicider deux jours après m'avoir confié ces cahiers.

S'il les avait eus en main avant, est-ce que cela aurait changé les choses ? Ma femme serait-elle encore en vie ? Aurait-il refusé de participer à cette funeste mascarade ? Je ne sais pas. Peut-être.

Il a cru qu'il était plus fort que les autres, qu'il supporterait son geste pour vivre. Mais le remords et le chagrin sont des sentiments destructeurs qui ne l'ont pas épargné.

À moins que... À la lecture de ces lignes, j'en viens à douter de son suicide. Est-ce que les DIX se sont débarrassés de lui, comme des autres ? Encore une fois, je ne sais pas.

Je ne sais pas non plus ce que je vais faire de ces informations, de ces plans. Je me dis que seul, j'ai peut-être plus de chance de passer inaperçu auprès des DIX. En étudiant les plans, j'ai trouvé le chemin qui mène en haut de l'enceinte. L'entrée des escaliers est sous mes pieds, dans la cave de ma boutique. Bon sang, je suis à quelques mètres de l'entrée de leurs appartements ! Le hasard est parfois sournois.

Et qu'est-ce que je vais faire une fois là-haut, face à eux ? Je n'ai aucune chance. Ils se débarrasseront de moi comme ils l'ont fait avec les autres. Ils m'écraseront comme un insecte.

Il faut que je réfléchisse à ça.

## Carnet 4 – Wilson – An 302, jour 27

J'ai défoncé le mur de la cave et j'ai trouvé l'entrée. Un coup de chance inouï, je n'ai pas eu à casser la cloison sur toute sa longueur : j'ai juste déplacé une vieille armoire et tapé un grand coup. Le ciment est tombé, il y avait des marches derrière. Qui grimpent dans l'obscurité.

Je n'ai pas osé m'y aventurer. Qui sait sur quoi je vais tomber ! Il me faut un plan. Il me faut des alliés.

## Carnet 4 – Wilson – An 302, jour 34

J'ai bien cru que ma dernière heure était arrivée ! Hier, une femme a débarqué à la boutique. Tailleur strict, regard noir, je n'en menais pas large quand elle a sorti sa carte du bureau de surveillance et m'a demandé pourquoi un drone avait enregistré des percussions dans mon établissement deux jours auparavant.

Je lui ai raconté que j'avais fait des travaux dans la cave. Pour entreposer mes marchandises. J'ai bien vu qu'elle ne me croyait pas, alors quand elle a demandé à voir les fameux travaux, j'ai failli m'enfuir, mais pour aller où ?

C'est à ce moment qu'elle a fait quelque chose que je n'ai pas compris tout de suite. Elle a désactivé le drone sur le seuil de l'escalier menant à la cave. J'ai fait comme si je n'avais rien vu et nous sommes descendus. Elle a vite compris ce que j'avais fait, le trou était béant et je n'avais pas remis l'armoire devant.

Alors elle s'est assise sur une vieille chaise qui traînait et elle a sorti sa tablette. J'étais cuit ! Le drone allait arriver et...

Rien de tout ça ne s'est passé. Elle a posé ses affaires par terre, m'a regardé droit dans les yeux.

— Maintenant, vous allez tout me raconter, sans rien omettre, monsieur Owen.

J'ai tout craché. Les plans, les carnets, ma femme, son frère, le tunnel dans le mur. Je ne m'arrêtais plus de parler, comme si tout le poids de ce que j'avais appris ces derniers jours se déversait par ma bouche sans que je puisse l'arrêter. À la fin, je me suis senti léger. J'allais mourir, mais au moins, je n'étais plus le seul détenteur de ce secret. Même si ça ne servait à rien.

Elle ne m'a pas interrompu une seule fois. Elle est restée là, assise sur sa chaise, bras croisés sur la poitrine.

Quand j'ai eu fini, elle a juste prononcé une phrase :

— Bien, quand est-ce que nous montons ?

J'ai failli m'évanouir.

Elle était la chef de la sécurité. Et depuis cinq minutes, mon alliée.

Aucun drone ne viendrait me tuer dans mon sommeil, cette fois je ne finirai pas au compost. Dans son rapport, il serait noté qu'il n'y avait pas de réseau dans la cave, que des étagères avaient été fixées et que tout était en règle.

Elle est partie un instant plus tard. Sur la chaise, elle a laissé un téléphone portable non référencé. Avec son numéro enregistré.

Je ne sais pas ce que nous allons faire. Mais je ne suis plus seul. Et ma femme sera vengée. Je le jure.

## Carnet 4 – Wilson – An 307, jour 145

Élisabeth est une véritable bénédiction. Elle a accès aux drones, au réseau téléphonique et informatique, elle est en première ligne. Je la suis aveuglément, je m'en remets totalement à elle.

Nous nous sommes vus hier et nous avons pris une décision. La prochaine Régulation ne devrait pas tarder, il y a eu un pic de naissances sur ces deux dernières années. Si nous réussissons à rallier les Régulateurs à notre cause, nous avons une chance de réussir.

Jusque-là, nous ne pouvions rien faire. Elle comme moi avons peur d'en parler à qui que ce soit. Si nous sommes dénoncés, ce sera encore un échec. Et ces carnets retomberont dans l'oubli.

Il faut que l'on soit patient.

J'ai essayé de lui dire qu'il fallait mettre Bettany dans le coup, Élisabeth a refusé. Elle sait que s'il arrive quoi que ce soit à cette gosse, je m'en voudrai toute ma vie.

Pas d'attache. Pas de regret.

Sauf nous. Nous sommes liés, bien plus que ce que nous aurions souhaité. Ces rendez-vous dans l'ombre, ces messages dans la nuit, ces regards sans suite. C'est frustrant. Mais l'avenir est devant nous.

Encore quelques mois ou années et nous pourrons nous retrouver. Libres.

Il faudra encore que nous discutions de la suite, en cas de victoire sur ce gouvernement à la con. Je veux sortir d'ici. Élisabeth souhaite rester. Elle a peur de ce qu'elle pourrait trouver dehors. Je la comprends et je ne suis pas loin d'être de son avis. Sauf que je ne peux plus voir ces murs. Chaque matin, j'ai envie de hurler à force de voir du gris en face de moi. Je veux voir le ciel dans sa globalité. Je veux voir des arbres, entendre le chant des oiseaux qui ne s'aventurent que très rarement jusqu'à nous. Je veux voir le monde, pas seulement sur les photos des livres qu'on trouve encore à la bibliothèque. Je veux le découvrir, l'écouter, le sentir, le parcourir sur toute sa surface, mettre les pieds dans l'eau de l'océan. Je veux fuir cette prison de béton.

Viendra-t-elle avec moi ? Rien n'est moins sûr. Est-ce que je la laisserai ici et partirai à l'aventure ? Nous verrons bien.

Chaque chose en son temps. Nous devons déjà nous débarrasser de ces gens qui nous dirigent.

Et ce n'est pas gagné d'avance.

## Carnet 4 – Wilson – An 308, jour 37

La Régulation est en route. Les choses sérieuses commencent. Élisabeth va se charger de trouver tous les Régulateurs avant qu'ils ne fassent un carnage. Nous les obligerons, s'il le faut, à se rallier à nous. Pendant ce temps, je vais garder un œil sur la gosse. Le premier qui s'approchera de trop près risque de le sentir passer. Je ne ferai pas dans la dentelle, cette fois. J'ai perdu ma femme, je ne la perdrai pas, elle.

J'ai une trouille folle qui me tord les boyaux.

*Composition et mise en pages*
*Nord Compo à Villeneuve-d'Ascq*

Pour plus d'information :
#lisez! engagé
www.lisez.com
Imprimé sur du papier issu de forêts gérées durablement.

CET OUVRAGE
A ÉTÉ ACHEVÉ D'IMPRIMER
SUR ROTO-PAGE
PAR L'IMPRIMERIE FLOCH
À MAYENNE EN AVRIL 2024

N° d'impression : 104740
R15812/01
*Imprimé en France*